AF717099

Pia Herzog

Angstschweiß auf der Haut
Roman

Pia Herzog

Angstschweiß auf der Haut

Roman

Rediroma-Verlag

Bibliografische Information der Deutschen Nationalbibliothek:
Die Deutsche Nationalbibliothek verzeichnet diese Publikation in der Deutschen Nationalbibliografie; detaillierte bibliografische Daten sind im Internet über http://portal.dnb.de abrufbar.

ISBN 978-3-98527-042-2

Copyright (2021) Rediroma-Verlag

Alle Rechte beim Autor

www.rediroma-verlag.de
6,95 Euro (D)

Jeder kennt bestimmt den Gedanken an Rache. Vergesst die Rache. Sie schadet euch selbst!

INHALT

An dieser Stelle möchte ich allen Menschen danken, die mir in meinem Leben begegnet sind und die es mir ermöglicht haben, soviel Fantasie zu entwickeln.

Kapitel 1
Der goldene Oktober

Wir schrieben das Jahr 2020, Pandemie, Lockdown, Covid-19, das waren die Worte des Jahres. Ich persönlich fügte das Wort Einsamkeit hinzu. Im März hatte ich mich von meinem Freund getrennt. Nun war es Oktober geworden, die bunten Blätter fielen vom Baum, die Tage waren kürzer, die Abende länger. Ich sehnte mich nach menschlicher Wärme. Da ging mir ein Gedanke durch den Kopf. Ob so eine Datingplattform auch etwas für mich wäre? Ich war schon 60 Jahre alt! „Hi, google, Datingapp für 60jährige?"

Antwort: Zweisam.de, 50 Plus, Elitepartner, Parship, alle elf Minuten verliebt sich ein Single bei uns. So lautete die Werbung. Nachdem ich die Preise gecheckt hatte, entschied ich mich für Zweisam.de. Eine neue Mailadresse war schnell eingerichtet, ein Nickname (Nelke) und schon war ich drin. Nun noch schnell ein Profil erstellen. Das war für mich das schwierigste, denn wer kann sich schon gut selbst beschreiben? Ich hatte blonde schulterlange Haare, grüne Katzenaugen, eine Zahnlücke wie Madonna (Die Schneidezähne standen etwas auseinander), war 164 cm klein und meine Figur war fraulich. Das waren die äußerlichen Fakten. Ich war humorvoll, konnte über mich selbst lachen, war loyal, treu, neugierig auf das Leben.

Nachdem ich mein Profil angelegt hatte, wartete ich ab, was passierte. BINGO, „Sie haben 342 Treffer mit Ihren Vorgaben (Nichtraucher, 55 bis 65 Jahre alt, Größe: 1,72 bis 1,85 cm groß, ich selbst war 1,64 cm groß, Entfernung höchstens 140 km). Na, das war ja einfach!

Also schaute ich mir das erste Profil an. Oh je, der Mann sollte 63 Jahre alt sein? Der sah ja aus wie 70 Jahre. Sofort schämte ich mich für diesen Gedanken. Ich war ja auch keine Heidi Klum, weder vom Aussehen noch von der Figur.

„Möchten Sie Kontakt aufnehmen?“

„Nein“, bloß nicht fügte ich in Gedanken hinzu.

Durch die App zu klicken, fühlte sich ein wenig an, als wenn ich beim Versandhaus Heine einen Mantel bestellen wollte. Ich klickte ca. 90 Männer nur nach dem Aussehen weg, schloss die Seite und war frustriert ohne Ende. Nachdem sich der Frust gelegt hatte, versuchte ich es erneut.

„Warum, liebe Männer, stellt ihr Bilder mit nacktem Oberkörper ein? Warum macht ihr eure schmalen Lippen spitz zum Kussmund? Warum fotografiert ihr euch mit dem Handy im Spiegel? Seid ihr so einsam, dass keiner von euch ein schönes Foto machen kann? Oder wisst ihr nicht, wie man ein Selfie macht? Warum stellt ihr Bilder ein mit einer Flasche Bier in der Hand? Warum benutzt ihr ein Pseudonym wie Hasi, Leckerli, ichbinderbeste, Unwiderstehlich, Schatzi usw.?“

Während ich noch vor meinem Computer den Kopf schüttelte, kamen die ersten Anfragen von Schatzi und Co. Sinngemäß mit folgendem Inhalt: „Hi„. Ja, was sollte ich darauf antworten? „Hi.“

Antwort von Schatzi: „Wollte mal sehen ob du da bist?“

Oh, Schreck, war meine Kamera an? Konnten die mich auch sehen, wenn ich vor dem PC saß? Puh, nein, ich hatte nachgeschaut, alles aus. Was soll so eine Frage?

„Hallo, ich heiße Emil, bin 78 Jahre alt, fühle mich aber wie 60 und bin topfit. Wie wär’s mit uns beiden? Du solltest nicht nur nach dem Alter gehen“, fügte Emil noch hinzu.

Ich schrieb Emil wirklich nett zurück. Das ist ein Altersunterschied von 18 Jahren! Nein, das war mir zu viel!

Ich nahm meinen ganzen Mut zusammen und schrieb selber einen Mann an. 58 Jahre alt ca, 45 km von meinem Wohnort entfernt, geschieden, ohne Altlasten. Ja, ich hatte gesehen, dass er in seinem Profil den Wunsch geäußert hatte: Alter 40 bis 55 Jahre. Also fing ich an: „Ich bin Nelke, 60 Jahre alt, aber gefühlte 55 Jahre“ … usw. Das kam bei dem Empfänger gar nicht gut an.

Er schrieb zurück, er hätte schon jemanden gefunden. Dankeschön! Das ging knapp daneben. Computer ausgeschaltet. So lange gewartet, bis der Frust weg war und wieder nachgeschaut, was sich in meinem Postkasten getan hatte.

Endlich mal ein Mann, der mehr als 30 Worte versandt hatte. Schön und sehr gefühlvoll geschrieben. Da musste ja ein Haken sein? Die Entfernung fast 200 km. Meine Antwort: „Lieber … Du hast schön geschrieben, aber leider ist mir die Entfernung zu groß und Zweisamkeit will gelebt werden. Ich wünsche dir viel Glück bei deiner weiteren Suche."

Was draufhin zurückkam, füllt ein ganzes Buch mit 300 Seiten. Welche Vorzüge er hätte, ich würde ihn nicht verstehen, Kilometer sind bei der großen Liebe nicht entscheidend und noch vieles, vieles mehr. Meine Antwort fiel knapp aber bestimmt aus. Er gab nicht auf und wieder sprengte die Mail mein Postfach. Ich ignorierte diese Mail und dann ließ er sein Potenzial ganz heraus. Ich sperrte ihn.

Nach drei Wochen Zweisamkeit hatte ich mein erstes Date. Aufgrund des Lockdowns trafen wir uns zu einem Spaziergang im Park in der nächstgelegenen Stadt. Schon als er aus seinem BMW ausstieg, wäre ich am liebsten umgekehrt. Er hielt sich am Türrahmen fest und drehte sich auf seinem Fahrersitz zur Tür. Dann verließ er in Zeitlupe das Auto. Sein Foto auf der Plattform ging bis zur Brust. Er sah nett aus. Was ich nun sah, war ein Mann, der einen Medizinball verschluckt hatte. Also, wer A sagt, muss auch B sagen, hätte meine Mutter gesagt. Ich quälte mich eine Stunde rum, ging im Schneckentempo mit ihm spazieren und wusste nach fünf Minuten nicht mehr, worüber ich mit ihm reden sollte. Mein größtes Hobby ist reisen, egal, wohin, ob Meer, Berge oder Städte.

Ja, seins auch, schrieb er mir in seiner ersten Mail. Jetzt gab er zu, er fuhr seit 20 Jahren immer in denselben Ort, weil es so schön sei zu wissen, wo der Bäcker ist und das beste Restaurant, wo man gut essen kann. Man muss sich an nichts gewöhnen. HILFE, hätte ich am liebsten geschrien. Nun gut, die Frage nach einem zweiten Date verneinte ich freundlich.

„Hallo mein Name ist H. Ich finde Ihr Profil sehr interessant und würde gerne mal mit Ihnen telefonieren."

Ja, zugegeben, Herr H. sah ansprechend aus. Nur ein wenig zu groß, fand ich. Herr H. war 1,90 Meter groß und sehr schlank. Ich war gesagt 1,64 groß und hatte eher ein paar Kilos zu viel. Wir tauschten Handynummern aus und verabredeten uns zum Telefonieren. Das Gespräch war flüssig und sehr angenehm. Zwei Tage später beschlossen wir uns zu treffen. Auch wir gingen wegen der Pandemie spazieren. Meine Feststellung war: 1,90 Meter ist definitiv zu groß für mich, wir sehen ja aus wie Pat und Patachon. Naja, erst einmal abwarten, sagte ich zu mir selbst. Als der Weg im Park etwas matschig wurde, sah ich erst die Schuhe von Herrn H.. Gießweinschuhe in himmelblau (Schuhe aus Merino Wolle). Wie die hinterher aussahen, brauche ich an dieser Stelle wohl nicht zu erwähnen. Herr H. war nett, aber nur nett reichte mir nicht. Also suchte ich im Netz weiter nach Mister right.

„Sie haben Post. Jemand interessiert sich für Sie."

Ja? Da war auch schon die Mail von T. aus Bremen. Alter: 58, Größe: 1,82 Meter, geschieden, zwei erwachsene Kinder, modisch und offen für alles. Was meint ein Mann, wenn er schreibt, offen für alles? Ich wusste es nicht. Er sah nicht nur nett aus, er war attraktiv. Wir schrieben uns ca. zehn Mails über die Plattform, bis wir uns entschieden zu telefonieren. Die Stimme an sich klang gut, nicht zu tief, aber Gott sei Dank auch nicht zu hoch. Hohe Stimmen mag ich bei Männern überhaupt nicht. Beim längeren Zuhören glaubte ich zu erkennen, dass er leicht lispelte. Die Erklärung erfolgte fast in dem Moment, wo mir das Lispeln aufgefallen war. Herr T. hatte vor einem Jahr Zungenkrebs und ihm wurde ein Teil der Zunge entfernt. Ich wusste nicht, was ich darauf hin sagen sollte. Es tat mir leid. Ihm ging es heute wieder ganz gut und er musste regelmäßig zur Vorsorgeuntersuchungen. Ich hatte eine ganze Nacht mit mir gerungen, ob ich das aushalten könnte, alle drei Monate auf das positive Ergebnis zu hoffen. Was wäre, wenn die nächste Untersuchung negativ ausfallen würde? Was wäre wenn der Krebs gestreut hätte? Ich war feige und schrieb, dass mir die Entfernung zu groß sei (wohl fühlte ich mich damit nicht).

Es waren ca. acht Wochen vergangen und irgendwie wiederholte sich auch alles, da schrieb ich einen Mann an. Herr Tlock (T für Thomas und lock für Lockdown) hieß im wahren Leben Thomas. Er lebte getrennt. Kinder: 2, Beruf: keine Angabe, Wohnort: 19 km von mir entfernt, Musik: keine Angabe, Reisen: Spanien, Italien, Portugal, Essen: alles.

Wie fängt man ein Gespräch an, wenn man keinen Aufhänger hat? Also schrieb ich: „Hallo Tlock, da dein Profil nicht viel aussagt, schlage ich vor, Du schaust Dir mein Profil an und wenn es Dir gefällt, was Du liest, würde ich mich über eine Antwort freuen. Lieben Gruß, Nelke."

Die Antwort kam relativ schnell. Kurz und knapp: „Ja, gefällt mir. Gruß Tlock."

Was nun?, fragte ich mich, also schrieb ich: „Wann und wo war denn dein letzter Urlaub?"

Antwort: „Portugal im März dieses Jahres."

„Was hörst du denn für Musik?"

Seine Antwort: „Alles."

Also fragte ich ihn, ob wir lieber telefonieren sollen. Das fand er gut und siehe da, das erste Telefonat klappte gut. Die Stimme etwas hoch (ich mag es lieber eine Oktave tiefer). Naja, man kann nicht alles haben. Wir telefonierten ca. 30 Minuten. Dann tauschten wir Handynummern wegen WhatsApp aus. Nach unserem ersten Telefonat kam dann auch gleich eine WhatsApp von Thomas. Er machte Komplimente über meine Stimme, meine nette Art usw.

Am nächsten Morgen kam per WhatsApp ein Gruß, eine Stunde später rief er an. Mittags ein Gruß, nachmittags und abends haben wir dann wieder telefoniert und ein Date ausgemacht. Zum Spazierengehen wählten wir einen etwas entfernteren See aus.

Als Thomas aus dem Auto ausstieg, wir kamen gleichzeitig auf dem Parkplatz an, war ich mehr als positiv überrascht. Vor mir stand ein sehr attraktiver Mann, ein bisschen klein (bei der Größenangabe auf zweisam.de hatte er wohl geschummelt), modisch gekleidet, schwarze Lederjacke, kleinkarierte blau schwarze Stoffhose, einen kleinen Bart, nur so ein Strich unter dem Kinn, noch fast dunkle Haare, ein wenig mit grau durchzogen, sehr schlank. Er musterte mich auch von oben bis unten und blieb mit dem Blick an meinen Schuhen hängen. „Trägst du immer so hohe Schuhe?“

„Nein, ich habe auch flache Schuhe“, antwortete ich.

„Weißt du, Pärchen, wo der Mann kleiner ist als die Frauen sehen komisch aus. Ich lege Wert darauf, dass auch dieses stimmt. Ich brauche mir bei dir ja keine Sorgen zu machen, wenn du Schuhe mit weniger Absatz trägst.“

Während wir mit Abstand spazieren gingen, kam die nächste direkte Frage. „Hast du ein Haus?“

Ich dachte, ich hätte mich verhört. „Ich hatte mal eins, nach der Scheidung von meinem Mann habe ich es verkauft.“

Wir hatten eine Bank gefunden und setzten uns. Ich hatte plötzlich das Gefühl, ihm gefiel, was er sah. Grinsend fragte er: „Sag mal, was wiegst du?“

„Genug!“, kam es aus mir herausgeschossen. „Warum spielt das Gewicht eine Rolle? Ich habe doch genug Bilder eingestellt, wo drauf zu erkennen ist, dass ich keine Modelmaße habe."

„Interessiert mich halt."

Nun stellte ich Fragen. „Seit wann bist du getrennt von deiner Frau?"

„Vier Monate", lautete die knappe Antwort. Schnell fügte er hinzu, dass aber alles geklärt ist, ich bräuchte mir keine Sorgen zu machen. Sie hatten sich halt auseinander gelebt.

„Aha", war alles, was ich dazu sagte. Nun zählte er seine Vorzüge auf, ein Audi TT Cabrio fahre er, er könne kochen, fahre gerne in den Urlaub möglichst immer an Orte, wo er noch nicht war, seine Eltern leben noch und er kümmere sich gerne um sie. All das ließ wohl die ersten Sätze bei mir vergessen. Ich fand ihn nett.

Thomas fragte gleich beim Abschied, wann wir uns wiedersehen würden. Mein Vorschlag lautete nächste Woche um dieselbe Zeit. Er protestierte, das sei ihm viel zu lange hin. „Warum treffen wir uns nicht gleich morgen?"

Weil ich da schon eine Verabredung mit meiner Freundin habe (warum rechtfertigte ich mich?).

„Ja, und Sonntag?"

„Sorry geht auch nicht."

Er verzog sein Gesicht und willigte dann ein, dass wir uns in einer Woche erneut sehen könnten.

Ich war kaum zuhause angekommen, da bekam

ich eine WhatsApp mit den Worten: „Du bist eine tolle Frau.“

Grinsend bedankte ich mich für das Kompliment. Zwei Stunden später kam die nächste WhatsApp. „Wenn ich jetzt los fahre, wäre ich in einer halben Stunde bei Dir!“ Eine halbe Stunde später: „Warum hast Du keine Zeit für mich?“

Ich schrieb zurück: „Freue mich auf nächste Woche.“ Ich hatte noch kein Gefühl dafür, ob das Aufdringlichkeit war oder etwas anderes.

Am nächsten Morgen wusste ich es. Die WhatsApp begann mit den Worten: „Hallo, Maus, du bist ja eine kleine Frühaufsteherin!“

Was dachte der Typ eigentlich, wer er ist?

„Guten Morgen, Thomas, wünsche Dir einen schönen Tag“, schrieb ich zurück.

„Schatz, warum so schüchtern, trau dich doch.“

Ich antwortete nicht. Da klingelt mein Festnetz. „Hallo Thomas, das geht mir alles zu schnell, ich mag das nicht, wenn man mir gleich Kosenamen gibt. Bitte halte dich auch mit den Nachrichten zurück.“

„Ja, natürlich kein Problem.“

Er fand mich halt so toll und wir passten doch auch gut zusammen!

Ich beendete das Gespräch mit einem unwohlen Gefühl. Das sollte mich auch nicht täuschen.

WhatsApp: „Wir können am Samstag ja noch zu

dir gehen, ich habe ein tolles (toll war sein Lieblingswort) Rezept für einen Glühwein mit Gin, das sollten wir unbedingt ausprobieren.“

Eine Stunde später: „Ich denke immerzu an Dich.“

„Hallo Thomas, das geht mir zu schnell. Ich möchte nun auch keine weiteren Treffen mit Dir. Ich wünsche Dir alles Gute! Lieben Gruß, Kerstin.“

Während ich noch nachschauen musste, wie man einen Kontakt auf WhatsApp blockiert, klingelte mein Festnetz und auf meinem Handy sprang die Mailbox an. Zwei weitere WhatsApp-Nachrichten gingen ein, weil ich immer noch nicht wusste, wie man einen Kontakt blockiert. Er bat um eine weitere Aussprache per Telefon oder persönlich. Ich antwortete nicht. Er hatte auf meiner Mailbox keine Nachricht hinterlassen, aber ich hatte meine Mailbox mit den Worten besprochen „Kerstin Hall, nein, nicht persönlich, aber ihr dürft mir gerne eine Nachricht hinterlassen.“

So ein Mist, nun wusste er meinen richtigen Nachnamen!

Nach dieser Erfahrung schloss ich meinen Dating Account als Nelke und beschloss, die Pandemie auszusitzen und einen Mann im realen Leben zu finden.

Kapitel 2
Schwarze Nelken

Die Vorweihnachtszeit hatte ich schon immer sehr genossen, so auch in diesem Jahr trotz des zweiten Lockdowns und der damit verbundenen Einschränkungen. Umso mehr freute ich mich, als der Postbote bei mir klingelte und ein riesen Paket brachte. Von Neugier getrieben öffnete ich das Paket und zum Vorschein kam ein riesiger Strauß Blumen von Blume2000. Der war bestimmt von meinem tollen Sohn Oskar. Oskar machte mir öfter mal zwischendurch Geschenke, um mich aufzumuntern. Er wusste, dass es mir manchmal schwer fiel, alleine zu leben. Oskar wohnte mit seiner Familie in Magdeburg und das war ca. 300 km von meinem Wohnort entfernt. Ich lebte in einem kleinen Dorf mit ca. 600 Einwohnern in Santendorf, an der A2 gelegen.

Ich holte die passende Vase und stellte den Blumenstrauß auf meinem Esstisch. Dann machte ich noch schnell ein Foto von dem Strauß und schickte Oskar ein Foto davon mit den Worten: „Danke, mein lieber Sohn.“

Zwei Stunden später bekam ich eine WhatsApp von Oskar mit den Worten: „Hallo Mum, tut mir leid, aber diese Blumen sind nicht von mir! Gib es zu, Du hast einen heimlichen Verehrer. Wann lernen wir den denn kennen? Der hat sich ja mächtig ins Zeug gelegt! Wünsche Dir noch einen schönen Tag, Dein Sohn Oskar.“

Hm, von wem war dann dieser Strauß? Ich holte noch mal das Paket hervor, welches ich schon entsorgt hatte, und suchte nach einer Karte oder einem Absender. Ich konnte nichts finden. Ach, egal! Der Strauß war schön und irgendein lieber Mensch wollte mir halt eine Freude damit machen.

Zwei Wochen später klingelte der Postbote wieder an meiner Tür und brachte mir wieder ein großes Paket von Blume2000. Dieses Mal waren es ausschließlich weiße Chrysanthemen. Ich mochte keine Chrysanthemen, für mich waren das Beerdigungsblumen. Meinen Sohn Oskar fragte ich erst gar nicht, ob der Strauß von ihm war. Diesen Strauß entsorgte ich in meiner Biotonne. Dann entdeckte ich ein kleines Kärtchen, auf dem geschrieben stand: „Ich hoffe, der erste Strauß Blumen hat Dir gefallen, der war für unser erstes Treffen. Der heutige Strauß war für die Abfuhr, die Du mir erteilt hast.“

Mir lief es eiskalt den Rücken runter. THOMAS. Was sollte ich jetzt tun? Es war ja keine Straftat, einem Menschen Blumen zu schicken. Naja, wenn er Freude daran hat, mir Blumen zu schicken, lass ihn doch!, dachte ich mir.

Auf den Tag genau nach zwei Wochen erhielt ich den dritten Strauß Blumen und wieder von Blume2000, es waren schwarzgefärbte Nelken. Auf der Karte stand: „Die Nelken tragen Trauer!“

Auch diesen Strauß entsorgte ich in meiner Biotonne.

„Nelke“ lautete mein Nickname bei dem Dating Portal. Was hatte das zu bedeuten? Ich beschloss bei Blume2000 anzurufen. Wegen des Datenschutzes bekam ich dort leider keine Auskunft, wer mir die Blumen zugeschickt hatte. Ich versuchte mich an Gespräche mit Thomas zu erinnern. Was hatte er von sich preisgegeben? Mir fiel leider nicht viel ein. Nur dass er seit vier Monaten getrennt lebte, dass er zwei Kinder hatte, einen Jungen und ein Mädchen, Das seine fast Exfrau selbstständig war und nebenbei ehrenamtlich Yogakurse für den örtlichen Verein gab. Dass er einen schwarzen Audi TT fuhr. Kennzeichen? Oh verdammt. Warum fiel mir das nicht ein? HX-TT-?? Oder HI-TT-?? Warum konnte ich mich nicht erinnern? Ich beschloss, einfach ruhig zu bleiben. Irgendwann, wenn ich nicht reagieren würde, würde er schon aufhören, sein sauer verdientes Geld für Blumen an mich auszugeben.

Die Arbeit in der Bank half mir, mich abzulenken. Heute war besonders viel los. Nichts Ungewöhnliches in der Vorweihnachtszeit. Viele Kunden korrigierten ihren Freistellungsauftrag, Adressänderungen, Mietkaution anlegen usw. Um 15:00 Uhr hatte ich einen Termin, Kundenneuanlage Sparbuch. Terminvereinbarung über unser Callcenter. Ein Herr Seifert.

Als ich Herrn Seifert um 15:00 Uhr bei uns in der Filiale am Schalter abholen wollte, stand ich Thomas gegenüber. Grinsend reichte er mir seine Hand. Ja, so sieht man sich wieder. Ich bat ihn in mein Büro. Als wir an meinen Kollegen vorbeigingen, hoffte ich, dass einer von seinem Schreibtisch aufsah und mein Unbehagen im Gesicht bemerkte. Aber alle waren in Kundengespräche vertieft. Mein Büro war am Ende, das letzte und größte.

In meinem Büro angekommen ließ ich die Tür einen Spalt offen. Ich bot Thomas Seifert einen Platz mir gegenüber an. Thomas nahm Platz, grinste mich an und fragte, ob seine Blumen bei mir angekommen wären. Ich sagte ihm, dass meine Biotonne sich gefreut hätte.

Daraufhin versteinerte sich sein Gesicht und er sagte: „Mich stößt man nicht einfach so zurück. Was bildest du dir eigentlich ein, wer du bist?"

„Thomas das hier ist nicht der richtige Ort, um etwas zu besprechen."

„Darf ich dich daran erinnern, du hast mich blockiert bei WhatsApp. Du gehst nicht an dein Telefon, du hast jegliches Gespräch mit mir abgelehnt!“

Ich schaute Thomas direkt in seine Augen und fragte dann: „Was kann ich denn für Sie tun, Herr Seifert?“ Ich sprach viel lauter als beabsichtigt. „Ich möchte mit dir ein zweites Date“, lautete seine Antwort.

„Ich muss arbeiten, dafür werde ich hier bezahlt. Wenn Sie es sich mit der Sparbucheröffnung anders überlegt haben, dann bitte ich Sie jetzt zu gehen.“

Thomas Seifert stand auf und ging. Ich begleitete auch ihn wie jeden anderen Kunden zur Tür. Schweigend, aber mit einem fiesen Gesichtsausdruck verließ er die Bank.

Stimmt, ich dusselige Kuh hatte angegeben, dass ich bei der Deutschen Bank arbeitete. Sicher hatte er im Internet geforscht, dort werden die Berater in den Filialen vor Ort mit Bild vorgestellt.

Am nächsten Arbeitstag fand ich eine Notiz von unserem Vertriebsleiter auf meinem Schreibtisch vor. „Bitte um Rücksprache.“

Ahnungslos nahm ich den Telefonhörer und rief meinen Vorgesetzten Herrn Specht an.

„Schön, Frau Hall, dass Sie sich melden. Was war denn gestern bei Ihnen los?“

„Entschuldigung, Herr Specht, aber ich verstehe die Frage nicht?“

„Gestern die Sparbucheröffnung für Herrn Seifert. Herr Seifert hat sich bei mir über Sie beschwert! Sie seien unhöflich, inkompetent und arrogant aufgetreten. Ehrlich gesagt bin ich schon etwas erstaunt, das ausgerechnet von Ihnen hören zu müssen. Frau Hall, haben Sie in letzter Zeit Stress?“

„Nein, Herr Specht, ich habe keinen Stress. Ich verstehe den Vorwurf von Herrn Seifert ehrlich gesagt auch nicht, denn er wollte plötzlich gar kein Sparbuch mehr eröffnen.“

„Frau Hall! Herr Seifert sprach mir gegenüber von einer Anlage über 50.000 Euro. Sie haben ihn so verärgert, dass er nun zu einer anderen Bank gegangen ist. Ich brauche Ihnen ja nicht zu erläutern, das wir auf Geschäfte angewiesen sind, oder?“

„Nein, natürlich nicht.“

„Gut, dann sehen Sie das mal als mündliche Verwarnung an. Schönen Tag noch.“ Er legte auf.

Ich hätte heulen können. Mir war hundeelend zumute. Eigentlich verstand ich mich sehr gut mit Herrn Specht. Wer weiß, was Thomas noch alles erzählt hatte.

Ich sehnte meinen Feierabend herbei. Ich verließ pünktlich die Bank, ging zu meinem Auto und fuhr auf direktem Weg nach Hause. Dort angekommen, öffnete ich eine Flasche Rotwein (Primitivo), setzte mich aufs Sofa und überlegte, was ich tun könnte, um Thomas nie wieder begegnen zu müssen. So saß ich ca. zwei Stunden in meinen Gedanken vertieft, als es an meiner Haustür klingelte.

„Guten Abend, Frau Hall, wir sind vom örtlichen Polizeirevier, gegen Sie liegt eine Anzeige vor wegen Nötigung im Straßenverkehr. Dürfen wir reinkommen?“

„Wie bitte, von wem und wann?“ Mir wurde schwindelig.

„Haben Sie getrunken, Frau Hall?“

„Ja, nein, ich habe eben erst, mein Tag ....“

„Dürfen wir Platz nehmen?“

„Ja, bitte.“

„Wir müssen Ihre Personalien aufnehmen Bitte legen Sie uns Ihren Führerschein und Personalausweis vor. Waren Sie heute mit Ihrem Fahrzeug mit dem amtlichen Kennzeichen SHG-KH-111, gegen 18 Uhr 30 auf der A2 Richtung Dortmund, Höhe Kohlenfeld, unterwegs?“

„Ich fahre immer auf der A2 nach Hause. Ich kann nicht sagen, ob es 18 Uhr 30 war? Wer hat mich denn angezeigt und was soll ich getan haben?“

„Ihnen wird zur Last gelegt, ein vor Ihnen fahrendes Fahrzeug auf der Überholspur massiv mit der Lichthupe genötigt zu haben. Der Fahrzeughalter gab ferner an, dass Sie den Sicherheitsabstand nicht eingehalten haben. Ein Zeuge hat das bestätigt. So und nun kommen wir mal zu Ihrem Alkoholkonsum. Wann haben Sie angefangen zu trinken?“

„Bitte? Ich hatte heute einen schlechten Tag und habe mir vor ca. zwei Stunden eine Flasche Rotwein geöffnet. Ich habe niemanden auf der A2 bedrängt oder genötigt. Ich bin doch kein Rowdy.“

„Ok dann ordne ich jetzt zur Feststellung des Alkoholgehalts eine Blutprobe an. Wir nehmen Sie mit auf das örtliche Revier, den Amtsarzt habe ich schon bestellt.“

„Das kann doch alles nicht wahr sein. Wer hat mich angezeigt?“

„Frau Hall, es steht Ihnen frei, sich einen Rechtsanwalt zu nehmen. Der Anwalt hat natürlich Akteneinsicht.“

Als ich mir das Taxi bestellt hatte, um mich nach der Blutprobe auf dem Polizeirevier nach Hause fahren zu lassen, war ich den Tränen nah. WHAT A FUCKING DAY!

Kapitel 3
Das Messer am Hals

Der Rechtsanwalt, den ich zur Akteneinsicht und Gegendarstellung beauftragte, teilte mir vier Tage später mit, was ich schon geahnt hatte. Ein Thomas Seifert hatte mich angezeigt. Zeuge des Vorfalls war ein Heiner Lorenz. Thomas musste mich bei seinen Besuch in unserer Bank-Geschäftsstelle verfolgt haben und wusste somit mein Autokennzeichen. Ich hatte bis jetzt niemandem erzählt, dass er mich stalkte. Was mich wunderte, war, wie einfach es ist, jemandem das Leben echt zu vermiesen. Was würde er sich noch alles einfallen lassen? Und alles nur, weil ich ihn abgewiesen hatte?

Zwei Wochen später bekam ich einen Bußgeldbescheid über 500 Euro und drei Punkte. Vom Fahrverbot wurde abgesehen, weil ich mir bis jetzt nichts hatte zu Schulden kommen lassen. Der Punkt Alkohol am Steuer wurde fallen gelassen, weil die Blutprobe ergeben hatte, dass ich den Rotwein erst am Abend getrunken hatte.

Nach diesen Vorfällen war ich besonders wachsam, um nicht zu sagen, Angst machte sich breit. Ich vermutete und sah überall Thomas Seifert. Das hatte er geschafft. Ich hatte Angst!

Es war am Freitag, den 18.12.2020 gegen 17:00

Uhr, als ich die Bank verließ und langsam zum Parkplatz ging, wo ich morgens meinen Renault Megane geparkt hatte. Um diese Jahreszeit war es schon sehr dunkel. Kaum saß ich im Fahrzeug, öffnete sich die Beifahrertür und Thomas setzte sich auf den Beifahrersitz.

„Raus aus meinem Auto!“, schrie ich.

Da sah ich ein Messer in seiner Hand. Er setzte das Messer an meinem Hals an. „Ruhig, ganz ruhig! Fahr los! Ich sag dir, wohin.“

„Was soll das?“

„Fahr, habe ich gesagt!“

Vor lauter Zittern hatte ich den Motor abgewürgt. Ich musste aus der Stadt rausfahren, ich kannte diesen Stadtteil überhaupt nicht, er lag völlig entgegengesetzt von meiner sonstigen Fahrroute. Ich versuchte auf Straßenschilder zu achten, aber es ging immer weiter aus der Stadt raus. Irgendwann las ich Waldfriedhof. Kurz danach verließen wir die Straße und ich fuhr auf einen Schotterwaldweg. Mir kam kein Auto entgegen, so abgelegen war dieser Ort. Wer sollte mir bei dieser Finsternis auch entgegenkommen? Weder ein Auto noch Spaziergänger mit Hund.

„Fahr hier auf diesen Parkplatz!“ schrie Thomas.

Außer Befehle, wo ich langfahren sollte, hatte er bis jetzt nichts gesagt. Die ganze Zeit hatte ich das Messer am Hals. Ich sollte den Motor abstellen und ihm meine Handtasche geben. Ich gab sie ihm. Vor Angst zitterten mir die Beine, mir war schlecht, ich hatte solche furchtbare Angst.

„Warum wolltest du kein zweites Date?“

„Thomas, bitte, lass mich gehen. Was soll das?“

„Beantworte meine Frage.“

„Ich fühlte mich von dir überfordert. Du hast zu schnell von Liebe gesprochen.“

„Das gibt dir das Recht, mich zu blockieren, mit mir nicht zu reden? So behandelt man mich nicht! Was bildest du dir ein? Mich anmachen und dann kaltstellen. Du wirst schon sehen, was du davon hast. Hast wohl schon einen anderen Lover?“

„Nein.“

„Gib es zu, du Schlampe.“

„Bitte, Thomas, hör auf.“ Ich fing an zu flehen. „Bitte lass mich gehen! Ich werde auch niemandem hiervon erzählen.“

Er drehte sich mit dem Gesicht zu mir, als mein Handy in der Tasche klingelte. Er griff in meine Handtasche holte das Handy raus und las laut vor: „ANRUF Ulrich.“ Er schaltete das Handy komplett aus und warf es in meine Tasche. Die Tasche warf er dann auf den Rücksitz des Autos. „Wusste ich es doch! Du spielst nur mit den Männern. Einer reicht dir wohl nicht? Küss mich!“

„Nein!“

Um seiner Aufforderung Nachdruck zu verleihen, hielt er sein Messer noch dichter an meinem Hals, sodass ich die Klinge spüren konnte und kaum wagte, Luft zu holen, damit er mir nicht in den Hals stach. Mein Ekel und die Angst wurden immer größer.

Er packte meine Haare mit der rechten Hand und zog meinen Kopf zum Beifahrersitz herüber. Ich konnte seinen schlechten Atem riechen, eine Mischung aus Zwiebeln, Zigaretten und Kaffee. Ich kämpfte gegen die aufsteigende Übelkeit an. Er drang mit seiner Zunge in meinem Mund ein. Als er mein Würgen bemerkte, war es schon zu spät und ich übergab mich schwallartig über sein Gesicht und seinen Oberkörper.

Er schrie auf, verließ fluchtartig mein Auto, um sich das Erbrochene aus dem Gesicht und vom Körper ab zu wischen. Das war meine Chance. Ich startete mein Auto und fuhr, als wäre der Teufel hinter mir her. Mir zitterten die Knie. Irgendwann fuhr ich wieder auf einer Straße. Nach wenigen Metern auf der Straße musste ich anhalten und mich ein weiteres Mal übergeben. Mein Magen fühlte sich nun leer und flau an. Ich ekelte mich vor meinem eigenen Geruch! Ich hatte eine ganze Packung Tempotaschentücher verbraucht, aber mein Mittagessen Spinat, Spiegelei und Kartoffeln, klebte auch an meiner Kleidung. Ich schaltete danach mein Navigationsgerät ein, fuhr direkt zum nächsten Polizeirevier und erstattete Anzeige gegen Thomas Seifert.

Der Polizeibeamte machte mir wenig Hoffnung auf Erfolg mit meiner Anzeige, Ich hatte keine Zeugen, keine Verletzungen, nichts. Ich wollte das nicht glauben, aber der Polizeibeamte hatte Recht, das Verfahren gegen Thomas Seifert wurde nach Wochen eingestellt. Er durfte sich mir allerdings im Umkreis von 500 Metern nicht nähern und keinen Kontakt über Handy, Telefon oder Brief aufnehmen.

Daran hielt sich Thomas auch. Ich bekam mit der Schreibmaschine geschriebene Briefe an meine Wischblätter von der Windschutzscheibe geheftet mit den übelsten Beschimpfungen. Mein rechter Reifen vom Auto wurde auf dem Firmenparkplatz zerstochen. Mein Autotürschloss wurde mit Sekundenkleber verklebt. In der Bank wurden über das Callcenter fiktive Termine vereinbart, ohne dass eine Kunde erschien. Das fiel anderen Mitarbeitern auch auf und so wurden mir nur noch wenige Neukunden zugeschlüsselt.

Kapitel 4
Die Rache beginnt

Was dieses Erlebnis in mir angerichtet hatte, konnte sich keiner vorstellen. Bevor ich in mein Auto einstieg, beobachtete ich den Parkplatz. Saß ich im Auto, verriegelte ich sofort die Türen. Beim Aussteigen genau das gleiche. Wenn es bei mir zuhause an der Tür klingelte, schaute ich erst durchs Fenster, ob ich jemanden sah. Kam mir ein Mann zu nahe, auch Kollegen oder Freunde, geriet ich in Panik. Warum war ich so leichtfertig im Umgang mit meinen privaten Informationen gewesen? Ich hatte mich unfreiwillig verändert und dieser Mistkerl lachte sich eins ins Fäustchen. Mein größter Wunsch war, wenn er genauso psychisch leiden würde wie ich! Oder dass er bestraft werden würde für seine Taten. So reifte der Wunsch nach Rache in mir.

Meine erste Tat, ich beantragte eine Woche Urlaub bei meinem Arbeitgeber. Dann besorgte ich mir eine schwarze Kurzhaarperücke. Mein eigenes Haar war blond und schulterlang. Bei dem Autovermieter Sixt lieh ich mir für eine Woche einen silbernen VW Golf.

Montagmorgen um 2 Uhr 30 saß ich im silbernen VW Golf, etwas abseits, vor der Wohnung von Thomas Seifert (seine Adresse hatte ich ja aus der Anzeigengeschichte). Um 2 Uhr 45 verließ Thomas die Wohnung. In Bäckerkleidung, ganz in weiß und fuhr mit seinem Audi TT, in eine mir bekannte Bäckerei mit dem Namen „Bäcker Baule." Kurz vor 8 Uhr verließ Thomas dann die Backstube und packte Brote und Kuchen in einen Firmenwagen mit der Aufschrift „Bäckerei Baule". Ich fuhr Thomas auf Abstand mit dem VW Golf hinterher und sah, wie er zwei Straßen weiter in einer Filiale die Backwaren ins Gebäude brachte. Nachdem er das Auto entladen hatte, setzte er sich wieder hinter das Steuer und fuhr zur Hauptfiliale zurück. Um 11 hatte Thomas Feierabend und fuhr mit seinem Auto wieder nach Hause.

Ich wollte gerade weiter zu mir nach Hause fahren, als Thomas eine attraktive Frau entgegenkam, ihn umarmte und küsste. Ups, ich dachte er lebt seit vier Monaten getrennt? Oder ist das nicht seine Frau?

Beide gingen nach der liebevollen Begrüßung ins Haus. Ich wartete noch eine Stunde, bis ich mich zum Hauseingang traute. Auf dem Klingelschild stand B. und T. Seifert.

Als ich an dem Abend zuhause ankam, googelte ich als erstes nach B. und T. Seifert in der Gartenstraße 3. Treffer. „Beate und Thomas Seifert" lautete der Eintrag bei der Telekom. Google wusste aber noch mehr, nämlich dass Beate Seifert ehrenamtlich im örtlichen Sportverein Übungsleiterin für Yoga war. Das war es, ich musste eh wieder etwas für meine Figur tun, also meldete ich mich für Donnerstag zur Yoga-Probestunde bei Beate Seifert an. Ich hatte also noch zwei Tage Zeit, alles vorzubereiten.

Dienstag und Mittwoch beobachtete ich Thomas. Da gab es aber nichts Neues. Er verließ um 2 Uhr 45 das Haus und war um 11 Uhr 15 wieder zuhause. Am Mittwoch verließ Thomas das Haus um 19:00 Uhr und ging in eine Kneipe zum Skat Spielen. Der Lockdown wurde am 10. Januar 2021 aufgehoben. Somit konnten wir alle wieder am öffentlichen Leben teilnehmen.

Donnerstag ging ich zum Yoga. „Guten Tag, Frau Meier, schön, dass Sie zur Probestunde gekommen sind. Mein Name ist Beate. Ich bin hier die Übungsleiterin.“

„Guten Abend, Beate. Ja, ich freue mich auch, denn die Weihnachtszeit hat auf meinen Hüften ihre Spuren hinterlassen und mein Freund Thomas mag keine Speckrollen.“

Wir lachten. Sie machte auf mich einen ganz netten, sympathischen Eindruck. Beate hatte eine super Figur. In ihrem Outfit, lila Leggings und ein rosafarbenes kurzes Top kam die Figur richtig gut zur Geltung.

Die Yogastunde ging viel zu schnell vorbei.

Nach der Yogastunde fragte Beate: „Wie hat dir denn die Stunde gefallen?“

„Ja, prima. Es tat gut, mal wieder seinen eigenen Körper zu spüren. Ich komme gerne nächste Woche wieder.“

Sigrid Meier nahm, nachdem sie sich umgezogen hatte, in der Umkleidekabine ihr Handy, tat so, als wenn sie telefonierte und sagte laut: „Hallo Thomas, Du, die Yogastunde ist nun zu Ende. Deine Frau ist sicher noch nicht zuhause, dann können wir ja noch eine halbe Stunde quatschen. Ja, ich vermisse Dich auch. Säuselte sie ins Handy Die Heimlichkeit hat ja bald ein Ende, wenn du dich scheiden lässt. Du, sag mal, kannst du eigentlich Donnerstag deinen Skatabend absagen und wir machen uns ein paar schöne Stunden? Ok, Schatz. Ja, ich muss auch los. Ich bin fast die letzte in der Umkleidekabine.“

„Na, Siegrid, du kannst dich wohl gar nicht von uns trennen“, stellte Beate fest.

„Doch, aber ich musste nur schnell mit meinem Freund Thomas telefonieren.“

„Ja, das war ja nicht zu überhören. Deine Liebe ist wohl noch frisch?“

„Ja, weißt du, er will sich scheiden lassen und seine Frau weiß noch gar nichts davon. Wir lieben uns ja so sehr.“

In diesem Moment fiel ihr die Sporttasche aus der Hand. Beate bückte sich gleich und half Siegrid, die herausgefallenen Sachen einzusammeln. Dann sah Sie das Foto. „Ist das Dein Freund?“

„Oh ja, ist der nicht süß? Ich habe ihn über eine Dating App, Zweisam.de, kennengelernt.“

(Ich hatte das Profilbild von der Dating App von Thomas ausgedruckt und so in die Sporttasche gesteckt, dass es rausfallen musste.)

Beate sah das Foto an und realisierte, dass es ihr Mann war, der sie auf dem Bild anlachte. Laut fragte sie: „Wo habt ihr euch nochmal kennen gelernt?“

„Zweisam.de, das ist eine Dating-Plattform. Er sagte mir, dass er unglücklich verheiratet wäre und seit vier Monaten getrennt lebt. Es sei nur eine Frage der Zeit,t bis er sich scheiden lässt. Wir hatten uns dann, damals war ja noch der Lockdown, zum Spaziergang verabredet. Warte mal, das war Anfang Dezember an einen Samstag. Seitdem sind wir fast unzertrennlich.“

Beate schien zu überlegen, seit Anfang Dezember hatte Thomas ein Verhältnis mit Sigrid. Ihr fiel wieder ein, dass Thomas öfter Zeit mit seinem Freund Heiner verbracht hatte. Das war ja dann wohl alles gelogen. So ein Scheißkerl! Nicht schon wieder, dachte sie. Nach der letzten Affäre hatte sie Thomas gewarnt, sollte er noch einmal fremdgehen, lässt sie sich scheiden.

„Du, Beate, ich muss echt los jetzt." Siegrid verließ sofort die Umkleidekabine.

Na, an Thomas' Stelle möchte ich heute Abend nicht sein! Sie konnte sich ein Grinsen nicht verkneifen. Aus der schwarzhaarigen Frau Siegrid Meier wurde im Auto wieder die blonde Kerstin Hall. Seit Monaten fühlte sich Kerstin das erste mal Thomas überlegen und der Rachefeldzug gefiel ihr.

Auch Beate setzte sich in ihr Auto und fuhr nach Hause. Auf dem Weg nach Hause dachte sie über ihre Ehe nach. Es war nicht das erste Mal, dass Thomas sie betrog. Aber das letzte Mal, da war sie sich sicher. Zuhause angekommen sah sie Thomas eine WhatsApp schreiben.

„Na, alles ok bei dir?", fragte Beate.

„Naja, ich habe für Donnerstagnachmittag noch einen Zusatzauftrag vom Chef bekommen. Es wird also später und zum Skatabend kann ich dann wohl auch nicht."

„Ich bin müde und gehe ins Bett", erwiderte Beate.

„Ich komme auch gleich", antwortete Thomas.

Beate nahm ihren Laptop mit ins Bett und meldete sich auf der Dating-Plattform Zweisam.de an. In die Suche gab sie das Alter von Thomas an und begrenzte die Entfernung. Treffer, da war ihr eigener Mann zu sehen. Die Beschreibung war wie eine Ohrfeige. Single, seit vier Monaten getrennt lebend!

„Na, Schatz, du schläfst ja doch noch nicht! Dann kann ich ja noch unter deine Bettdecke kommen."

„Wage es nicht! Nimm dein Bettzeug und verschwinde und morgen ziehst du aus. Ich will DICH hier nie wieder sehen."

„Was soll das? Hast du getrunken?"

„Oh nein, ich war noch nie so klar in meinem Leben." Langsam drehte sie ihren Laptop um und zeigte ihm sein Profil auf Zweisam.de.

Thomas wurde blass. „Woher weißt du das?"

„Deine kleine Freundin Siegrid Meier war heute bei mir im Yogakurs! Ihr ist dein Bild aus der Sporttasche gefallen."

„Ich kenne keine Siegrid Meier. Wer zum Teufel soll das sein?"

„Thomas, sei einfach still und geh. Ich habe dich nach deiner letzten Affäre gewarnt. Du hast mir hoch und heilig versprochen, dass du nie wieder fremdgehst! Nun ist Schluss. Morgen werde ich zum Anwalt gehen, aber vorher ziehst du aus. Es ist meine Wohnung, mein Mietvertrag!"

„Beate, das stimmt alles nicht! Bitte glaub mir doch. Ja, ich habe mich angemeldet, aber ich habe keine Affäre.“ Thomas sah in das versteinerte Gesicht seine Frau und wusste, es ist zwecklos, noch irgendetwas zu sagen. Nur wo zum Teufel sollte er hin? Er packte erst einmal sein Bettzeug und schlief so gut es ging auf dem Sofa im Wohnzimmer.

Am nächsten Morgen rief er vor seiner Arbeit bei seinen Freund Heiner an und fragte, ob er bei ihm für ca. zwei Wochen unterkommen könnte, nur so lange, bis er eine eigene Wohnung gefunden hätte. Seine Frau Beate wolle sich scheiden lassen. Er hätte auch keinen Bock mehr auf die Olle, erklärte Thomas seinem Freund Heiner. Was ihm nicht klar war, wieso wusste Beate, dass er sich bei der Dating App angemeldet hatte und wer war Siegrid Meier? Ja, er hatte etwas fürs Bett gesucht, halt, um Spaß zu haben. Dass aber seine Frau gleich davon erfahren würde, war nicht geplant gewesen.

Seinem Freund Heiner war das zwar nicht so recht, dass Thomas sein Untermieter auf Zeit wurde, er sagte dann aber schließlich doch zu.

Thomas packte nach seiner Arbeit einen kleinen Koffer mit Garderobe zusammen und fuhr direkt zu Heiner.

Beate suchte sich nachdem Thomas aus dem Haus war, aus dem Netz einen Scheidungsanwalt raus und vereinbarte gleich einen Termin für 10:00 Uhr. Als Sie gerade losfahren wollte, sah Beate Thomas‘ Personalausweis auf der kleinen Kommode im Flur liegen. Warum auch immer, sie steckte den Ausweis in ihre Handtasche.

Ich verfolgte auch an diesem regnerischen Morgen mit meinem gemieteten VW Golf den Wagen von Thomas Seifert. Auch heute belieferte Thomas wieder pünktlich die Zweigstelle mit Brot und Kuchen. Alles zur gleichen Zeit. Perfekt, wie ich fand. Für heute machte auch ich Feierabend. Das frühe Aufstehen lag mir gar nicht. Ich musste noch schnell Speisesalz für morgen kaufen.

Der nächste Morgen verlief wie immer. Thomas kam an und verschwand in der Backstube. Ich wartete noch zwei Stunden und zog mich im Auto um. Lange schwarze Hose, darüber einen bunten Rock, einen zitronengelben Pullover und eine blaue Weste. Meine schwarze Kurzhaarperücke ließ ich ein wenig unter dem Kopftuch hervorblinzeln. In den Mund schob ich mir ein Karnevalgebiss, welches für meinen kleinen Mund zu groß geraten war, dadurch wirkte mein Gesicht unförmig. Einen Eimer mit Putzutensilien hielt ich in der rechten Hand, als ich leicht gebückt an der Tür der Backstube klopfte. Nach zweimaligem Klopfen öffnete Thomas die Tür. „Ja, Sie wünschen?“

„Ich putzen, Chef gesagt, ich spät, tschuldigung, ich machen fix, ich nix stören."

Thomas schaute völlig irritiert drein. „Nein, das geht jetzt nicht. Ich bin ja noch am Backen."

„Chef böse sein, wenn nicht sauber."

Schnell schlüpfte ich an Thomas vorbei. Ein „naja mir doch egal" und er ging wieder an seine Arbeit. Da ich mich nicht auskannte, ging ich erst einmal zur Toilette. Die Tür war beschriftet. Mein Herz klopfte so laut, dass ich dachte, Thomas könnte es in der Backstube hören. Ehrlich gesagt, ich wusste selber noch nicht, was ich überhaupt hier wollte, da sah ich, wie Thomas auf das Herren-WC ging. Schnell nahm ich meinen Eimer, worin ich das Salz deponiert, hatte und ging in die Backstube. Dort lief eine riesige Teigmaschine. Schnell nahm ich meinen Eimer und kippte das ganze Salz durch die Klappe. Dann lief ich auf den Flur und rief: „Fertig, ich machen Feierabend, Tschuß."

Den Rest des Weges lief ich so schnell ich konnte zu meinem in der Zeit liebgewonnen VW Golf, der immer noch neu roch. Ich fuhr auf direktem Weg nach Hause und legte mich für sechs Stunden schlafen. Nachdem ich aufgestanden war, fuhr ich in die Filiale, die Thomas mit Backwaren immer beliefert hatte, um mir ein Brot zu kaufen. Da sah ich am Eingang ein riesiges Schild mit der

Aufschrift: „Diese Filiale ist HEUTE aus privaten Gründen geschlossen."

Yes, das las sich gut. Hoffentlich hatten die privaten Gründe etwas mit meiner Salzaktion zu tun. Ich war mit dem Verlauf meines Rachefeldzugs sehr zufrieden. Es fing an, mir Spaß zu machen. Was ich nicht wusste, war, dass Thomas den Teig vor dem Backen nicht probiert hatte und alle Brote versalzen waren. Bemerkt hatte das erst sein Chef, der sich eine Scheibe von dem leckeren Dinkelbrot abschnitt. Dem Bäcker Baule entstand ein riesiger finanzieller Schaden, den er sich von Thomas auf Heller und Pfennig ersetzen lassen wollte.

Am nächsten Morgen bat Bäckermeister Baule Thomas um ein Vieraugengespräch. Herr Baule, ein kleiner untersetzter Mann mit reichlich Bauch, war übelst gelaunt „Mensch, Seifert, was war los mit Ihnen?"

„Herr Baule im Moment ist alles ein bisschen viel für mich. Meine Frau hat mich rausgeworfen und die Scheidung eingereicht. Ich wohne nun bei einem Kumpel und jetzt diese Sache mit dem Salz. Können Sie mir nicht das Geld monatlich vom Gehalt abziehen?"

„Geht's noch?", brüllte der alte Baule los. „Habe ich den Schaden in Raten gehabt? Wenn Sie zu blöd oder schusselig sind, ist das Ihr Problem. Nein, Sie zahlen das in einer Summe zurück! Basta!“

„Arschloch“, entfuhr es Thomas.

„Wie bitte? Ich höre wohl nicht richtig! Mir reicht’s, Sie können gehen! Die Papiere schicke ich Ihnen zu.“

„Herr Baule, das ist mir doch nur so rausgerutscht, nun seien Sie doch nicht so, Ich entschuldige mich natürlich dafür.“

„Das können Sie sich schenken, mein Freund.“

Thomas erzählte seinem Freund Heiner, dass es ihm ein Rätsel sei, wie ihm so etwas hätte passieren können, dass alle Brote versalzen waren.

„Der Alte hat mich entlassen.“

„Läuft gerade nicht so gut bei dir“, stellte Heiner gegenüber Thomas fest. „Wo wir auch gerade dabei sind, Thomas, wie lange willst du noch bei mir wohnen? Kannst du dir nicht eine Wohnung suchen? Die Wohnung ist auf Dauer zu klein für uns beide, außerdem kann ich, seitdem du hier mit wohnst, nicht mehr richtig schlafen, weil du jeden Morgen so früh aufstehen musst.“

„Mann, Heiner, ich habe ja versucht, wieder bei Beate einzuziehen, aber die lässt nicht mit sich reden.“

„Mensch, Thomas, habe ich ganz vergessen,

heute ist ein Brief für dich von einem Rechtsanwalt angekommen."

Thomas riss den Brief auf und las laut vor „IN DER SCHEIDUNGSSACHE SEIFERT GEGEN SEIFERT!" Thomas wurde blass.

Kapitel 5
Unverhofft tot

Thomas setzte sich an seinen Laptop und studierte Wohnungsanzeigen. Nun, da er ja keinen Job mehr hatte, war er in seiner Wahl, wo er wohnen wollte, etwas freier. Dennoch fand er, dass gerade Eineinhalbzimmerwohnungen extrem teuer waren. Von 20 Wohnungen war nur eine preislich relativ attraktiv.

Mist, die Wohnung liegt doch in der Nähe der blöden Tusse Kerstin Hall, stellte er fest. Er durfte sich laut richterlichem Beschluss nicht näher als 500 Meter nähern. Egal, wer maß das schon nach, außerdem wollte er sich die ja nur die Wohnung anschauen.

Er rief den Makler an und vereinbarte einen Besichtigungstermin für übermorgen. So lange musste sich sein Freund Heiner eben gedulden.

Einen Job zu finden stellte sich Thomas auch einfacher vor. Es wurden Bäcker gesucht, aber in seinem Alter war er einfach zu teuer. Gerade jetzt war er auf ein gutes Gehalt angewiesen. Auf eine Versöhnung mit seiner Frau Beate brauchte Thomas nicht hoffen. Den Zahn hatte Beate ihm schon gezogen. Naja, erst einmal eins nach dem anderen.

Thomas fuhr zu seiner Wohnungsbesichtigung. Die Wohngegend machte keinen einladenden Eindruck auf ihn. Alles sah nach sozialem Wohnungsbau aus. Große Wohnblöcke dicht aneinander gereiht.

„Guten Tag, Herr Seifert. Mein Name ist Bernd Rose, ich bin von der Makleragentur Immo Rose. Sie haben Interesse an der kleinen 40 qm großen Wohnung im ersten Stock?“

„Ja, meine Frau und ich trennen uns, deshalb brauche ich dringend eine Wohnung!“

Während des Gespräches schloss Herr Rose die Haustür auf. Ein ekelhafter Gestank drang in Thomas‘ Nase. Eine Mischung aus Essen, verschiedenen Gewürzen und Feuchtigkeit. Im ersten Stock angekommen schloss Herr Rose die Wohnungstür auf. Wohnung konnte man diese Unterkunft nicht nennen. Das Bad war moosgrün verfließt, aus den 80er Jahren ,schätzte Thomas. Das Waschbecken war klein und hatte einen Riss und war völlig verdreckt. In der Toilette klebte URINSTEIN.

„Bah“, entfuhr es Thomas. „Sauber ist etwas anderes“, sagt er zum Makler.

„Nun ja, ich werde diese Wohnung auch in diesem Zustand los. Sie müssen die nicht nehmen. Ich habe genug Interessenten für die Wohnung. So eine günstige Wohnung ist schwer zu finden.“

Thomas ging ins Wohnzimmer, dort fielen die Tapeten von den Wänden. Stockflecken wurden sichtbar.

„Nur sollten Sie sich entschließen, diese Wohnung zu nehmen, fallen zu den fünf Prozent Maklergebühren zwei zusätzliche Monatsmieten Vermittlungsgebühren in Höhe von 750,00 Euro an."

Thomas verzog das Gesicht. „Nein, schon gut, ich nehme die Wohnung"

„Prima, dann brauche ich Ihren Personalausweis."

Thomas holte seine Brieftasche hervor. „Hm, Entschuldigung kann ich den nachreichen? Ich habe ihn wohl zu Hause vergessen."

Dann nehme ich Ihre Daten so auf und Sie faxen mir Ihren Personalausweis zu, ok?"

„Klar, mache ich", antwortete Thomas.

„Die 750,00 Euro bekomme ich gleich! Ohne Quittung, versteht sich!"

Thomas kochte innerlich über die Abzocke. Was sollte er aber tun? Er brauchte dringend eine eigene Wohnung. Thomas gab Bernd Rose das Geld und bekam dafür die Visitenkarte mit der Faxnummer.

Er suchte gerade seinen Personalausweis als Heiner in seine Wohnung kam.

„Na, hast du die Wohnung?"

„Ja, klar!"

„Toll, Kumpel, darauf müssen wir anstoßen! Ich bin wirklich froh, dass du eine Wohnung gefunden hast. So eine Männer-WG ist nicht mein Fall.“

„Das Bierchen müssen wir verschieben, ich suche dringend meinen Perso. Hast du den zufällig gesehen?.

„Nein, ich habe nichts gesehen.“

„Dann muss er bei Beate sein. Ich fahre mal schnell hin.“

Einige Zeit später stand Thomas bei seiner zukünftigen Ex-Frau auf der Matte. „Hallo Beate, gut siehst du aus! Willst du dir das nicht nochmal überlegen mit uns? Es hat doch immer gut mit uns geklappt! Auch im Bett war doch keine Flaute.“

„Spinnst du, was willst du?“

„Ich suche meinen Perso. Hast du ihn irgendwo gesehen?“

„Nein, keine Ahnung. Wo du schon mal da bist, nimm bitte deine restlichen Sachen auch gleich mit. Deine Bücher und CDs habe ich schon mal in eine Kiste zusammen gepackt. Genauso wie den Rest von deiner Garderobe. Ach ja, unterschreib mir bitte hier, dass du alles erhalten hast!“

„Beate ich bitte dich. Lass doch die Sachen noch hier. Ich kann doch nächste Woche alles abholen. Ich habe eine eigene Wohnung in Aussicht, wo soll ich denn jetzt damit hin?“, sagte er, während er brav den Empfang bestätigte.

„Nein! Nimm es mit! Und den Wohnungsschlüssel kannst du mir auch gleich geben!“

Thomas war wütend, nahm aber die erste Kiste und brachte sie zu seinem Wagen. Als er den Rest holen wollte, sah er, wie Beate ihm die restlichen Kisten vor die Tür gestellt und die Wohnungstür geschlossen hatte. Blöde, alte frustrierte Kuh dachte Thomas und fuhr wieder zu Heiner.

Dort bahnte sich die nächste Katastrophe an, als Heiner sah, dass Thomas noch mehr Kisten in seine Wohnung schleppte. „Dass das klar ist, nur noch diese Woche, Thomas, dann ziehst du aus! Verstanden?“ Heiner wollte endlich wieder seine Wohnung für sich haben.

Thomas rief den Makler Bernd Rose an und bat um Aufschub, weil er seinen Personalausweis nicht finden konnte. „Ok, dann faxen Sie mir erstmal den Arbeitsvertrag zu und morgen den Personalausweis“, bat Herr Rose.

„Ah, ich bin gestern entlassen worden, aber keine Sorge, Bäcker werden gesucht. Morgen habe ich auch wieder Arbeit.“

„Das können Sie vergessen, ohne Arbeit und ohne Personalausweis gibt es auch keine Wohnung.“
„Was ist mit den 750,00 Euro?“, wollte Thomas wissen

„Ich weiß nicht, wovon Sie reden.“ Der Makler legte auf. Gefrustet teilte Thomas den neusten Stand der Dinge seinem Freund Heiner mit. Heiner war kurz davor, Schnappatmung zu bekommen. „Wie stellst du dir das vor? Meine Wohnung ist zu klein für uns zwei … die vielen Kisten, die überall rumstehen, keine Arbeit, kein Perso, keine Wohnung! Nee, Thomas, nächste Woche räumst du das Feld!“

Nachdem Thomas seine Sachen abgeholt hatte, überlegte Beate kurz, ob sie Thomas anrufen sollte, um ihm mitzuteilen, dass sie seinen Personalausweis gefunden hatten. Der Gedanke war aber sehr kurz. „Nein“, sprach sie zu sich selbst. Nachdem, was er ihr alles angetan hatte … „Nein, er soll leiden!“ Aber erst einmal musste sie zur Bank gehen und die Konten auflösen, damit er nicht mehr an ihr Gehalt konnte. Noch war er zwar nicht auf die Idee gekommen, aber sicher ist sicher!

Bei der Bank angekommen wurde sie auch schon sehr nett von ihrer Beraterin begrüßt. „Hallo Frau Seifert, wir haben uns ja schon lange nicht mehr gesehen? Was führt Sie zu mir?“

„Guten Tag, Frau Jahn.“

Frau Jahn war schon seit Jahren ihre Beraterin und wie immer top gestylt. Zu den braunen Haaren trug sie einen türkisfarbenen Blazer und darunter eine weiße Baumwollbluse mit einer dunkelbraunen Hose. Frau Jahn gehörte zu dem Typ Frauen, die einfach nicht älter wurden. Dabei ging sie bestimmt auch schon auf die 60 zu.

„Ich brauche Ihren Rat. Ich werde mich von meinem Mann Thomas scheiden lassen und möchte, dass er keinen Zugriff mehr auf mein Konto hat.“

„Nehmen Sie doch erst einmal Platz, Frau Seifert. Das ist kein Problem. Da Sie kein Gemeinschaftskonto haben, sondern Sie Ihrem Mann lediglich eine Kontovollmacht erteilt haben, können Sie ihm diese jederzeit ohne Angaben von Gründen entziehen.“

„Da bin ich aber erleichtert. Ich dachte schon, das wird jetzt schwierig an der Stelle!“

„Nein, ich lösche die Vollmacht, dann sperren wir die EC- und Visa-Kredit-Karte. So, dann hätte ich gerne eine Unterschrift von Ihnen.“

„Nichts lieber als das! Bin ich froh, dass ich bei der Kontoeröffnung auf Sie gehört habe und kein Gemeinschaftskonto eröffnet habe. Vielen lieben Dank, Frau Jahn.“

Beschwingt und gut gelaunt wollte Beate Seifert gerade die Bankfiliale verlassen, da sah sie im Foyer ihren Mann Thomas, wie er auf den Geldautomaten zusteuerte. Thomas war so in Gedanken vertieft, dass er Beate überhaupt nicht wahrnahm. Beate stellte sich Thomas‘ Gesicht vor, wenn er gleich Geld am Geldautomaten abheben wollte und die Karte eingezogen werden würde.

Rache kann doch manchmal süß sein!

Thomas hatte etwas unglücklich auf dem Bankparkplatz geparkt, deshalb nahm er wohl nichts und niemanden wahr. Nur noch schnell Geld aus dem Automaten abholen und weiter geht's, dachte er. Er steckte seine EC-Karte in den Schlitz, gab seine Pin ein und traute seinen Augen nicht, als er las: IHRE KARTE WIRD AUS SICHEHEITSDGRÜNDEN EINGEZOGEN!

Wie gut, dass ich die Visa Karte dabei habe, dachte er sich. IHRE KARTE WIRD AUS SICHEHEITSDGRÜNDEN EINGEZOGEN!

Scheiß Bank! So ein Mist 13 Uhr 15 und Mittwoch, die Bank würde erst am nächsten Morgen öffnen! „Können die noch nicht einmal dafür sorgen, dass man an sein sauer verdientes Geld kommt?", murmelte er leise vor sich hin.

Auf den Gedanken, dass Beate ihm die Kontovollmacht entzogen hatte, wäre er nie gekommen.

Beate wollte gerade nach einer unruhigen Nacht aus ihrem Bett aufstehen, als es an der Wohnungstür klingelte. Nanu, um diese Zeit wunderte sie sich, zog sich schnell den Morgenmantel an und lief zur Tür. „Wer ist da?"

„Polizei. Bitte, Frau Seifert, öffnen Sie die Tür. Guten Morgen, Frau Seifert, dürfen wir reinkommen? Mein Name ist Grabe und mein Kollege ist der Polizeioberkommissar Junke."

„Was ist denn um Himmels Willen passiert?"

„Frau Seifert, ist Ihr Mann Thomas Seifert hier?"

„Nein, mein Mann wohnt seit unserer Trennung bei seinem Freund Heiner Lorenz."

„Können Sie bitte Herrn Lorenz anrufen und nachfragen, ob er dort ist?"

Beate nahm ihr Handy in die Hand und rief Heiner an. „Hallo Beate, was machst du denn schon so früh auf den Beinen?"

„Heiner, die Polizei ist bei mir und möchte wissen, wo Thomas ist. Ist Thomas bei dir?"

„Nein, ich dachte, ihr hättet euch wieder versöhnt und Thomas hat die letzte Nacht bei dir verbracht!"

„Heiner, ich melde mich wieder bei dir." Beate legte sofort auf, ohne auch nur den Abschiedsgruß von Heiner abzuwarten. „Bitte, sagen Sie mir was passiert ist?", wandte sich Beate an die beiden Polizisten.

„Frau Seifert wir haben eine männliche Person, in dem Audi TT, der auf Ihren Mann Thomas Seifert zugelassen ist, gefunden. Leider hat die Person keine Ausweispapiere bei sich gehabt. Deshalb vermuten wir, dass es sich um Ihren Mann handelt. Hätten Sie ein aktuelles Foto von ihm?"

„Ist der Mann verletzt? Haben Sie ihn in ein

Krankenhaus gebracht? Was ist mit meinem Mann?“

„Bitte beruhigen Sie sich, Frau Seifert. Bitte setzten Sie sich doch. Haben Sie ein Foto von Ihrem Mann?“

Beate griff zu dem Foto, das auf der Kommode stand, und gab es den Polizeibeamten. Herr Grabe sah sich das Foto an und nickte seinem Kollegen Herrn Junke zu. „Wir müssen Ihnen leider mitteilen, dass Ihr Mann Thomas Seifert in seinem Auto heute Morgen ermordet aufgefunden wurde.“

„Warum sollte jemand meinen Mann umbringen?“

„Sie sprachen vorhin von der Trennung von Ihrem Mann. Warum haben Sie sich von Ihrem Mann getrennt?“

„Mein Mann hatte eine Affäre.“

„Wissen Sie, mit wem?“

„Ja, ich habe sie kurz in meinem Yogakurs kennengelernt.“

„Haben Sie einen Namen für uns?“, fragte Herr Grabe.“

„Oh ja, den habe ich: Sigrid Meier.“

„Haben Sie zufällig eine Adresse?“

„Nein, mein Mann hat die Person über eine Partnervermittlung kennengelernt. Zweisam.de.“

Können Sie Frau Meier beschreiben?“

„Klein, ungefähr 166 cm und schwarze, kurze

Haare."

„Ok, Frau Seifert, das soll es fürs Erste gewesen sein. Waren Sie sehr wütend auf Ihren Mann, weil er Sie betrogen hat? Kam es zum Streit zwischen Ihnen beiden, bezüglich der Trennung? Wir möchten Sie bitten, Ihren Mann in der Rechtsmedizin zu identifizieren. Das Fahrzeug wurde zur Sicherung der Spuren erst einmal sichergestellt. Sie bekommen dann Bescheid, wenn das Fahrzeug wieder freigegeben wird. Haben Sie vor, das Land zu verlassen, Frau Seifert?"

„Nein"

„Gut, bitte halten Sie sich für weitere Fragen bereit."

Nach dem Besuch setzte sich Beate erst einmal auf einen Stuhl in ihrer Küche. Mein Gott, Thomas soll tot sein? Warum nur?

Beate rief Heiner an. Heiner konnte Beate auch nicht viel sagen, außer dass Thomas seine Arbeit verloren hatte und er dabei war, sich eine Wohnung zu mieten.

Kapitel 6
Liebe aus dem Netz

„Na, dann suchen wir mal Frau Siegrid Meier bei Zweisam.de. Hast du dich schon mal bei einer Partnerschaftsvermittlung angemeldet“ fragte Junke seinen Kollegen Grabe.

„Nein, ich bin doch seit 25 Jahren glücklich verheiratet“, verriet Grabe augenzwinkernd seinem Kollegen.

Zurück auf dem Revier, welches sich in der Schmiedestraße 13 befand, ein altes, muffiges Gebäude mit kleinen Fenstern und Linoleum Fußboden, wurde ein Durchsuchungsbeschluss bei der Staatsanwaltschaft für Zweisam.de beantragt. Die Geschäftsinhaber von Zweisam zeigten sich sehr kooperativ und stellten den gesamten Chatverlauf von Thomas Seifert zusammen. Seit September 2020 war Thomas Seifert dort angemeldet gewesen. Leider gab es keine schwarzhaarige Siegrid Meier. Thomas Seifert hatte eine Vorliebe für blonde Frauen. Alle Frauen (insgesamt sechs), mit denen er Kontakt hatte, waren klein und blond. Die Profilbilder wurden mit samt den Adressen ausgedruckt und der Polizei für weitere Ermittlungen ausgehändigt.

„Bingo, sieh mal einer an. Hey, Junke, der Seifert hatte Ärger mit einer Kerstin Hall, er durfte sich nach einer Anzeige wegen Stalking der Frau Hall bis auf 500 Metern nicht mehr nähern. Frau Hall gab im Januar beim örtlichen Revier an, dass Thomas Seifert sie entführt und mit einem Messer bedroht habe. Da es keine DNA-Spuren oder Zeugen gab, hatte das Gericht lediglich die Sperre verhängt. Das wird ja immer interessanter. Davor hat Thomas Seifert die Hall angezeigt wegen Nötigung im Straßenverkehr. Also wenn das kein Tatmotiv ist, weiß ich es auch nicht. Naja, die Ehefrau bleibt natürlich in meinen Augen auch weiterhin verdächtig. Wir sollten der netten Dame Kerstin Hall mal einen Besuch abstatten. Was meinst du, Junke?“

Das eingespielte Team machte sich mit dem Streifenwagen auf dem Weg, Junke war 52 Jahre alt, schlank und trug einen Oberlippenbart wie damals aus der Fernsehserie „Magnum“. Auch sonst hatte er viel Ähnlichkeit mit dem Schauspieler Tom Selleck, er teilte sogar privat die Vorliebe für ausgefallene Hemden mit Palmen und Blumen. Hauptsache, schön bunt. Grabe war 59 Jahre alt mit kleinem Bierbauch, aber sehr gemütlich. Haare hatte er keine mehr. Sein Kleidungsstil privat war bieder und seine Lieblingsfarbe war grün.

Angekommen in der Mozartstr. 5 klingelten die beiden Polizeibeamten. „Guten Tag, Frau Hall, Kriminalpolizei, das ist mein Kollege Junke und mein Name lautet Grabe. Dürfen wir reinkommen, oder möchten Sie lieber eine Vorladung zur Anhörung auf dem örtlichen Revier bekommen? Sie können sich natürlich einen Anwalt hinzunehmen. Wir können Sie nicht zwingen, eine Aussage zu machen."

„Worum geht es denn überhaupt?", fragte Kerstin Hall.

„Sie werden vernommen in dem Mordfall Thomas Seifert."

„Was? Sie machen Witze?"

„Nein, danach ist uns nicht zu Mute erwiderte Junke.

„Ohne meinen Anwalt werde ich keine Aussage machen."

„Wie Sie wünschen, Frau Hall. Dann sehen wir uns morgen um 11 Uhr auf dem 13. Polizeirevier. Schönen Tag noch!"

Kerstin Hall musste sich erst einmal setzen. Wieso war Thomas Seifert tot, warum brachte die Polizei Sie mit dem Tod in Verbindung? Kerstin rief den Rechtsanwalt Herrn Pook an, der sie auch damals vertreten hatte, und bat ihn, sie morgen zur Vernehmung zu begleiten.

Am nächsten Tag erschien Kerstin Hall pünktlich mit ihrem Rechtsbeistand auf dem Polizeirevier zur Vernehmung. Die Polizisten boten ihr und ihrem Rechtanwalt Christian Pook einen Platz an, bevor sie mit der Befragung begannen. „Frau Hall, wo und wann haben Sie Thomas Seifert kennengelernt?“

„Im Dezember 2020 über die Dating App zweisam. de.“

„Was geschah dann?“, fragt der POK Junke.

„Wir trafen uns und fanden uns sympathisch, deshalb tauschten wir auch Telefonnummern aus. Dann stellte ich aber fest, dass Thomas Seifert immer fordernder wurde, und beendete den Kontakt. Daraufhin schickte er mir Blumen über Blume 2000. Im Januar erschien er auf meiner Arbeitsstelle bei der Bank, bedrohte mich und sagte mir, dass ich es bereuen werde, ihn abgewiesen zu haben. Dann zeigte er mich wegen Nötigung im Straßenverkehr an. Ende Januar 2021 entführte er mich und bedrohte mich mit einem Messer. Daraufhin erstattete ich Anzeige. Herr Seifert durfte sich mir nicht näher als 500 Meter nähern. Danach habe ich Herrn Seifert nicht mehr gesehen. „Frau Hall, kennen Sie Frau Beate Seifert?“

„Nein.“

„Sind Sie sich ganz sicher?“

„Ja“, antwortete Kerstin Hall.

„Also, wir haben Frau Seifert alle Profilbilder von Zweisam.de vorgelegt und sie war sich sehr sicher, dass Sie unter dem Namen Siegrid Meier, mit schwarzen Haaren, bei ihr im Yogakurs waren und ihr sogar erzählt haben, dass Sie ein Verhältnis mit Ihrem Mann hatten. Möchten Sie dazu etwas sagen?“

Kerstin Hall schaute zu Boden, Herr Pook übernahm das Wort. „Kann ich bitte mit meiner Mandantin unter vier Augen sprechen?“

„Ja, sicher.“ Junke und Grabe verließen das Zimmer.

„Frau Hall verschweigen Sie mir etwas? Wie soll ich Sie vertreten, wenn Sie mir nicht reinen Wein einschenken?“

Kerstin fing an zu weinen und unter Schluchzen erzählte sie alles: dass sie einen Wagen bei Sixt gemietet hatte, die Sabotage bei dem Bäcker Baule und auch die Yogastunde bei Beate Seifert gab sie zu.

„Hatten Sie ein Verhältnis mit Herrn Seifert?“

„Nein, wirklich nicht. Ich habe das alles nur erfunden, damit Thomas Seifert Ärger mit seiner Frau bekommt und auch die Sabotage habe ich nur gemacht, um Thomas Seifert eins auszuwischen. Ich hatte nach der Entführung immer wieder Panikattacken und Angst. Ich wollte es ihm heimzahlen, aber ich hätte ihn doch nie umgebracht!“

„Wo waren Sie am 13. März 2021 zwischen 4 und 5 Uhr morgens?“

„Ich war zu Hause und habe geschlafen.“

„Zeugen?“, fragte Herr Pook.

„Nein“, antwortete Kerstin Hall.

„Frau Hall, ich will ehrlich zu Ihnen sein, es spricht alles gegen Sie.“

Der Rechtsanwalt sollte recht behalten. Nachdem die Aussage von Kerstin Hall protokoliert wurde, wurde Kerstin Hall in Untersuchungshaft genommen, wegen des dringenden Tatverdachts Thomas Seifert in seinem Auto mit einem Messerstich ins Herz getötet zu haben.

Die Polizisten Grabe und Junke befragten noch am selben Tag Herrn Heiner Lorenz, bei sich zu Hause, den Freund von Thomas Seifert.

„Oh, ist ja etwas eng mit den vielen Kisten hier in der Wohnung“, bemerkte POK Junker.

„Ja, das sind alles Thomas‘ Kisten. Schade, dass er nicht die Wohnung bekommen hat.“

„Welche Wohnung denn? Hatte er eine in Aussicht?“

„Ja, vom dem Makler .. ach, wie hieß der doch gleich noch mal, äh, ja, ich hab’s, Bernd Rose. So ein Arsch, der hat Thomas richtig abgezockt. Zwei Monatsmieten Kaution und dann auch noch 750 Euro nur für die Besichtigung vor Ort. Alles Halsabschneider! Genützt hat es dann gar nichts, weil Thomas seine Arbeit verloren hatte und seinen Personalausweis auch nicht finden konnte. Thomas hatte eine Stinkwut auf den Schnösel."

„Herr Lorenz, können Sie sich vorstellen, dass die beiden sich nochmal getroffen haben?"

„Naja, ausschließen würde ich das nicht, obwohl Thomas gesagt hat, dass die Wohnung dreckig und versifft war. Naja die Lage Beethovenstraße ist ja auch nicht gerade die beste."

„Sie haben mal als Zeuge mit Herrn Seifert zu Protokoll gegeben, dass Frau Kerstin Hall Sie auf der A2 genötigt hat. Entsprach das der Wahrheit oder haben Sie nur Herrn Seifert zuliebe eine Falschaussage getätigt?"

„Nein, so etwas würde ich nicht machen, auch aus Freundschaft nicht!"

Beim Verlassen der Wohnung fragte Grabe seinen Kollegen: „Ist dir nichts aufgefallen?"

„Nee, was denn?"

„Thomas Seifert hat sich eine Wohnung in der Beethovenstraße angeschaut und Kerstin Hall wohnt in der Mozartstraße. Was, wenn Kerstin Hall Thomas Seifert bei der Besichtigung der Wohnung gesehen und Angst bekommen hat? Was, wenn sie ihn weiterhin verfolgt hat? Ich glaube, die Wohnung liegt auch im Bereich der 500 Meter. Das werde ich auf dem Revier erst einmal googeln."

Auf dem Revier angekommen stellte POK Junke fest, dass die Wohnung, die Thomas Seifert sich angesehen hatte, im Umkreis von 500 Metern lag. Die beiden Beamten nahmen sich vor, obwohl für beide feststand, dass Kerstin Hall die Täterin war, die anderen Bekanntschaften von Thomas Seifert zu überprüfen. Sie lasen den Chatverlauf von Nr. 2, Brigitte Neumann, durch. Die beiden hatten sich nicht getroffen, der Kontakt bestand lediglich durch belangloses hin und her Geschreibe.

Nr. 3 war Silvi (Silvia Grün): „Oh Mann das fällt mir echt schwer zu lesen, kannst du das bitte übernehmen?“, fragte Junke seinen Kollegen Grabe.

„Warum?“

„Ich bekomme gleich einen Steifen“

„Was?!“

„Mann, hier geht die Post ab.“

„Lies laut vor und konzentriere dich auf die Worte, das hilft.“

„OK.“ Junke las laut und deutlich: „Hallo Thomas, seit wann lebst du getrennt?“

„Seit vier Monaten.“

„Da bist du ja schon richtig ausgehungert?“

„Kann man wohl sagen!“

„Also ich hätte schon mal Lust wieder richtig zu vögeln!“

„Oh, na, dann sollten wir uns treffen und uns mal richtig austoben.“

„Worauf stehst du denn?“

„Wie alle Männer, du weißt schon! Hast du große Brüste oder eher eine kleine Hand voll?“

„Nee, bei mir hast Du schon richtig etwas in der Hand!“

„Hm, bei mir in der Hose regt sich schon was! Wenn wir noch ein wenig hin und her schreiben muss ich wohl selbst ... Echt, Silvi, du scheinst schon ein kleines Luder zu sein!“

„Wo und wann wollen wir uns denn mal treffen?“

„Bei mir um die Ecke gibt es ein Stundenhotel. Abrechnung erfolgt über die Kreditkarte. Alles völlig anonym. Was hältst du von morgen? Da hätte ich Skatabend aber ein Quicky-Abend gefällt mir besser. Ich checke ein und nenne dir dann die Uhrzeit und Zimmernummer. Freue mich und nicht vergessen, ich stehe auf rasierte Muschis, hier ist meine Handy-Nr. 01537894163, deine steht ja im Profil, die habe ich schon. Cool, dass du so eine offene Frau bist. Ich mag Frauen, die wissen, was sie wollen.“

Silvi hatte eigens für zweisam.de ein eigenes Handy mit einer Telefonnummer, die sonst niemand kannte. Nur Mitglieder auf Zweisam.

Junke schüttelte den Kopf und gab den Ausdruck seinem Kollegen Grabe. „Ja, dann fordern wir mal die Kreditkartenabrechnung von Thomas Seifert an, um zu sehen, in welchem Hotel die beiden sich vergnügt haben."

„Wie? Und danach haben die nicht mehr geschrieben?", fragte Grabe.

„Nein, die hatten ja jetzt ihre Telefonnummern ausgetauscht. Meinst du, es lohnt sich, bei Silvi mal vorbeizuschauen? Ich würde gerne mal sehen, wie die in natura aussieht."

„Naja wir sollten sie schon vernehmen. Los, komm, ich fahre, danach haben wir uns den Feierabend verdient."

Silvia, genannt Silvi, Grün, ca. 168 cm groß, blond, halb lange Haare leicht gewellt, sehr attraktiv, schlank, elegant, modisch gekleidet in einem roten Jumpsuit mit einem goldenen Gürtel, der ihre Taille betonte, öffnete persönlich die Haustür. Sie wohnte allein in einem sehr stilvollen Haus, einem modernen Cube mit einer riesigen Fensterfront, in einem vornehmen Stadtteil. Alle Grundstücke waren gepflegt und kein Haus kostete hier unter 500.000 Euro.

Die beiden Kriminalbeamten stellten sich wie immer vor, betraten das Haus und teilten der erstaunten Frau Grün den Grund ihres Besuches mit.

„Frau Grün, Sie haben sich mit Thomas Seifert in einem Stundenhotel getroffen. Ist das richtig?"

„Ja, das habe ich. Was ich aber nicht wusste, war, dass das Arschloch mich benutzte, um Kohle von mir abzuzocken.“

„Wie? Herr Seifert hat Sie erpresst? Frau Grün, an dieser Stelle müssen wir Ihnen mitteilen, dass Herr Seifert am 13. März 21 in seinem Auto mit einem Messerstich getötet wurde. Alles, was Sie nun zu Protokoll geben, kann gegen Sie verwendet werden. Sie können gerne einen Anwalt hinzuziehen.“

„Das brauche ich nicht. Sie können meine Aussage hier und jetzt bekommen.“

Junke schaltete sein Diktiergerät ein und ließ Silvia Grün erzählen.

„Wir haben uns bei zweisam.de kennengelernt. Wir schrieben hin und her und schnell stand fest, dass wir beide nur das eine wollten. Ich bin seit fünf Jahren geschieden und kann mir einen Partner an meiner Seite auch nicht mehr vorstellen, aber auf Sex mochte ich halt auch nicht verzichten. Ich suchte mir deshalb getrennt lebende oder verheiratete Männer aus, damit es keine Probleme gab. In Thomas hatte ich mich getäuscht. Er buchte das Stundenhotel am anderen Ende der Stadt, rief mich an, teilte mir die Zimmernummer mit und ich fuhr mit meinem Wagen hin. Aus Sicherheitsgründen parkte ich mein Auto etwa in 200 Meter Entfernung. Ich bin selbstständig und besitze mehrere Boutiquen. Ich wollte nicht zum Stadtgespräch werden, deshalb habe ich mir angewöhnt, mein Auto immer woanders zu parken. Wir verbrachten ca. zwei Stunden in dem Hotel und für mich stand fest, es gibt kein zweites Treffen."

„Darf ich fragen warum nicht? Kam es zum Streit zwischen Ihnen beiden oder war sogar Gewalt im Spiel?", fragte Grabe dazwischen.

Nun ging Frau Grün ins Detail und erzählte weiter: „Thomas hatte das Zimmer mit der Zimmernummer 6 gebucht. Diese Zimmer sind nicht gerade gemütlich eingerichtet sondern karg. Außer einem großen und immerhin sauberen Bett standen nur ein kleiner runder Tisch und zwei Sessel im Zimmer. Bevor wir zur Sache kamen tranken wir ein Glas Sekt, einen billigen Fusel, den Thomas mitgebracht hatte, um warm zu werden. Ich fand Thomas nicht sonderlich sympathisch. Der Sekt machte mich dann aber entspannter. Dann kamen wir aber relativ schnell zur Sache und zogen uns gegenseitig aus. Erfreulich für mich war immerhin, dass Thomas für seine Körpergröße relativ gut ausgestattet war, wenn Sie verstehen, was ich meine. Während wir Sex hatten, fing Thomas an mich zu küssen, ich wollte das nicht! Es hört sich für Sie vielleicht komisch an, aber küssen kann ich nur einen Mann, den ich auch liebe! Oder zumindest in den ich verliebt bin. Thomas wurde richtig verärgert und sagte, ich solle mich nicht anstellen, ich würde sein Bestes Stück ja auch in den Mund nehmen. Er hielt meinen Kopf fest und versuchte immer wieder mich zu küssen. Kurz bevor er einen Orgasmus hatte habe ich dann schnell die Sekunde genutzt und habe mich aus seinen Armen befreit, daraufhin füllte sich das Kondom außerhalb von meinem Körper. Er war stinksauer und nannte mich frigide und zu blöd zum F… Ich zog mich nicht komplett an, warf mir nur schnell meinen blauen Trenchcoat über, zog meine roten Lackschuhe an. Die restliche Garderobe verstaute ich in meiner Beutelhandtasche. Mir war wichtiger, so schnell wie möglich aus diesem Zimmer zu kommen. Ich fuhr mit meinem Auto nach Hause und war der Meinung, nichts mehr von Thomas zu hören. Ungefähr drei Tage später stand er in meiner Boutique und erpresste mich um 100.000 Euro. Thomas hatte eine Werbeanzeige mit meinem Foto in der hiesigen Presse gesehen und mich erkannt. Daraufhin kam er auf die Idee, sich bezahlen zu lassen."

„Wie haben Sie reagiert?", fragte Grabe.

„Ich habe ihm gesagt, er soll verschwinden, sonst rufe ich die Polizei. Ich lasse mich nicht erpressen. Eher nehme ich das Gespött der Leute hin!"

„Hm, Herr Seifert ist dann einfach gegangen?"

„Ja, ich habe ihm gesagt, wenn er jetzt nicht geht, rufe ich die Polizei."

„OK, Frau Grün dann kommen Sie doch bitte morgen auf das 13. Revier und unterschreiben Ihre Aussage. Schönen Tag noch."

„Was hältst du von der Geschichte?", fragte Grabe seinen Kollegen, als sie wieder draußen waren.

„Schwer zu sagen. Ich glaube, wir haben zwei Frauen, die ein Tatmotiv haben. Kerstin Hall mit ihren Ängsten und Silvia Grün hat auch allen Grund, auf Thomas Seifert wütend zu sein. Wer zahlt schon gerne freiwillig 100.000 Euro für ein Schäferstündchen und lässt sich dann auch noch seine Karriere zerstören? Aber jemanden für 100.000 Euro umzubringen?"

„Das geht auch schon für weniger Kohle! Ganz ehrlich, Thomas Seifert war ein kleines Dreckschwein. Hat so eine nette Frau zuhause und benimmt sich so. Irgendwie glaube ich nun aber auch Kerstin Halls Geschichte mit der Entführung, es passt ins Bild."

„Morgen nehmen wir uns Nummer vier aus Zweisam.de vor."

Nr. 4 war Lydia Kowalska, die Jüngste im Bunde mit ihren 27 Jahren. Grabe, der diesmal den Chatverlauf las, dachte, er hätte so viel Glück wie sein

Kollege Junke gestern. Aber weit gefehlt.

„Hallo Thomas. Thomas ist ein schöner Name, Ich mag ältere Männer. Ich hoffe, du magst junge Frauen?“

„Oho, ich fühle mich geehrt, schöne Frau Lydia. Was macht so eine schöne Frau wie du auf dieser Plattform?“

„Ich suche den RICHTIGEN Mann für ein schönes Leben.“

„Da bist du bei mir völlig richtig!“

„Du schreibst, du bist getrennt? Bist du denn noch nicht geschieden?“

„Nein, so schnell geht das nicht. Aber das kommt noch. Warum willst du gleich heiraten? Oder warum fragst du? Man sollte sich doch vorher erst einmal richtig kennenlernen, ob man überhaupt zusammenpasst.“

„Ja, da hast du recht. Hast du einen guten Job?“

„Hör mal, meine Kleine, wollen wir uns nicht erst einmal treffen und dann sehen wir weiter? Was hältst du davon? Schreib mir doch mal deine Adresse?“

„Nein, bei mir können wir uns nicht treffen. Ich wohne mit meiner Schwester in einer WG. Ich würde mich lieber irgendwo draußen treffen. Vielleicht spazieren gehen?“

„Was machen wir, wenn es regnet? Wir können uns doch auch in einem Hotel treffen? Ich würde es auch bezahlen. Darum brauchst du dich nicht zu kümmern!“

„Nein, in einem Hotel nicht. Hast du keine eigenen Wohnung?“

„Nein, noch nicht! Ok, dann treffen wir uns morgen auf dem Parkplatz zum Waldgasthof Wilder Hirsch.“

„Ja, das kenne, ich komme mit dem Fahrrad dahin.“

„OK, 17 Uhr!“

„OK!“

Das war der Chatverlauf. Mann, so schnell lernt man heute Leute kennen, dachte sich Grabe und überlegte, ob es wirklich notwendig war, auch diese Lydia zu vernehmen.

„Na, Grabe, fündig geworden?“

„Nee, nicht wirklich. So eine kleine polnische Maus hat mit ihm auch gechattet, aber schon im November.“

„Naja, dann man los. Lass uns hinfahren. Vielleicht hatte die junge Dame ja auch ein Motiv, dem Thomas Seifert ein Messer ins Herz zu stechen?“

Die Adresse von Lydia war nicht weit von der Meldeadresse von Thomas und Beate Seifert entfernt. Theoretisch hätten sich die beiden auch auf der Straße begegnen können ohne den Umweg von einer Partnerschaftsbörse. Die Wohnung von

Lydia Kowalska und ihrer Schwester lag in einem Mehrfamilienhaus mit ca. zehn Parteien. Die Wohnung lag im vierten Stock und Grabe fluchte gerade, warum es keinen gottverdammten Fahrstuhl gäbe? Angekommen öffnete eine zierliche junge Frau mit einem ebenmäßigen sehr frischen Teint und blonden langen Haaren die Wohnungstür. Die beiden, Grabe und Junke, sagten wieder ihren Spruch auf und baten Frau Kowalska, von ihrem Treffen mit Thomas zu erzählen.

„Ich bin mit meinem Fahrrad zum Parkplatz gefahren und habe auf Thomas gewartet. Da es mitten in der Woche war, war der Parkplatz zum Waldgasthof Wilder Hirsch leer. Thomas kam etwas zu spät, stieg aus seinem Wagen aus und begrüßte mich gleich mit einer Umarmung. Mir war das etwas unangenehm, aber ich ließ es geschehen. Als ich mein Fahrrad abgeschlossen hatte und mit ihm etwas spazieren gehen wollte, sagte er, ihm wäre kalt und wir sollten es uns lieber in seinem Auto bequem machen. Dort könnten wir leise Musik hören, Sekt trinken, zwei Pappbecher hatte er auch mitgebracht. Also nahm ich auf dem Beifahrersitz Platz. Ich erzählte von meiner Heimat, meiner Schwester und Thomas schenkte immer mehr Sekt nach. Ich wollte das gar nicht! Dann, nach ca. einer halben Stunde, fing er an mit meinen Harren zu spielen, meinen Nacken zu kraulen und meinte ‚wir könnten ja mal ausprobieren ob wir zusammenpassen, Ich hatte das erst nicht richtig verstanden, aber als er meine Hand nahm und sie auf seinen Penis drückte, hatte ich verstanden, was er wollte. Ich sagte nein und erklärte ihm, dass ich keine Nutte sei, sondern einen Freund suchte. Thomas lachte mich aus. Natürlich, er suchte auch eine neue Liebe, aber man muss auch beim Sex harmonieren. Das sei genauso wichtig. Ich schämte mich so dafür! Ich trug an diesem Tag meinen schönsten Rock, darüber einen leichten Pullover und eine Strumpfhose, es war ja November. Ich habe den Rock extra angezogen, um Thomas zu gefallen. Ich bin Sekt nicht gewohnt und er stieg mir schnell in den Kopf, nur so kann ich es mir erklären, das wir in seinem Auto auf dem Parkplatz Sex hatten."

„Frau Kowalska, war der SEX einvernehmlich oder hatte Herr Seifert Sie dazu gezwungen?"

„Nein, er hat mich nicht gezwungen, aber ich war von dem Sekt schon mehr als angetrunken und, ach, ich weiß auch nicht. Ich habe so etwas noch nie gemacht, bitte, das müssen Sie mir glauben?"

„Sie sind beide erwachsene Menschen. Sie haben ja kein Verbrechen begangen. Haben Sie sich ein zweites Mal getroffen?"

„Ich wollte mich mit ihm treffen, ich habe ihn

angerufen, am 12. März 2021."

„Nach so langer Zeit? Was wollten Sie denn noch von Herrn Seifert? Ihr Treffen war doch mitten im Lockdown, Anfang November?"

Frau Kowalska fing bitterlich an zu weinen und legte wortlos einen Mutterschaftspass auf den Tisch. Junke fand als erster seine Sprache wieder. „Frau Kowalska haben Sie sich am 12. März mit Herrn Seifert getroffen?"

„Nein, er wollte mich nicht sehen, ich habe ihm am Telefon gesagt, dass ich schwanger von ihm bin. Er hat mich beleidigt und gesagt, er lässt sich doch kein Kind von einer Polenschlampe unterjubeln. Ich war so enttäuscht und wütend auf Thomas. Ich habe ihm gesagt, dass ich auf einen Vaterschaftstest bestehe! Er hat nur gelacht und gesagt, dann setzt er sich ins Ausland ab. Im Moment läuft es bei ihm sowieso nicht gut. Er hätte seine Arbeit verloren, seine Frau lässt sich scheiden und eine Wohnung hat er auch nicht! Sein Leben sei im Arsch und da komme ich ihm gerade recht."

„Am 13. März wurde Herr Seifert tot in seinem Auto aufgefunden. Waren Sie nicht doch bei ihm, denn verstehen könnte ich das. Sie sind alleine, suchen eine große Liebe und nun sind Sie schwanger!"

„Nein wirklich nicht."

„Sie haben das einfach so hingenommen, dass Herr Seifert Sie nicht sehen wollte? Frau Kowalska, ich glaube Ihnen das nicht! Wo waren Sie zwischen 4 und 5 Uhr morgens am 13. März 2021?“

„Ich habe hier geschlafen, meine Schwester war auch hier.“

„Frau Kowalska, bitte kommen Sie mit auf das 13. Revier und unterschreiben Sie das Vernehmungsprotokoll.“

Angekommen auf dem Revier sagte Grabe: „Ich hatte, glaube ich, noch nie einen Fall wo so viele Frauen in Frage kommen, jemanden getötet zu haben. Wir haben Kerstin Hall, kein Alibi, hat ihm schon oft in die Suppe gespuckt, die übrigens immer noch in Untersuchungshaft sitzt. Der Anwalt hat sie noch nicht auf Kaution frei bekommen. Die noch-Ehefrau hat auch ein Tatmotiv. Silvia Grün die Thomas Seifert erpresst hat und auch noch die kleine schwangere Lydia Kowalska. Wir sind ja noch gar nicht fertig, oder hast du die letzten zwei Damen schon von zweisam bearbeitet?“

„Nee, ich habe auch keine Lust mehr! Können sich die Leute nicht mehr wie früher bei Veranstaltungen kennenlernen?“

„Wie denn? Wir hatten so lange den Scheiß Lockdown. Ich kann die Menschen schon verstehen, die einsam sind. Also welcher Chat ist nun dran?“

„Warte mal, wo ist die Liste von zweisam.de? Da Nr. 5, Heidemarie Lange, 61 Jahre alt, Witwe, schrieb Thomas Seifert an.

„Hallo Thomas, mein Name ist Heidemarie und ich bin ein wenig älter als du. Mein gefühltes Alter ist 55 Jahre, ich bin körperlich und geistig fit. Wenn Dir mein Profil gefällt, würde ich mich über eine Antwort freuen.“

„Hey, man ist nur so alt, wie man sich fühlt! Rein äußerlich finde ich dich sehr ansprechend. Was machst du beruflich?“

„Ich bin in Altersteilzeit, mir hat man das Ausscheiden aus dem Beruf versüßt! Ich habe bei VW gearbeitet am Band. Ich genieße es einfach zu verreisen, zu lesen und einfach mehr Zeit zu haben.“

„Klingt spannend! Ach, wenn ich man schon so weit wäre. Ich bin gar nicht getrennt lebend, ich bin ziemlich unglücklich in meiner Ehe! Irgendwie schaffe ich aber den Absprung nicht. Eigentlich suche ich nur eine Frau, die mir dabei hilft.“

„Liebst Du deine Frau noch?“

„Keine Ahnung. Fest steht, ich bin zurzeit mehr unglücklich als glücklich!“

„Ja, Thomas, dann finde doch erst einmal heraus, was dich unglücklich macht? Habt ihr Kinder?“

„Ja, zwei. Leben aber nicht mehr bei uns.“

„Thomas, ihr müsst wieder anfangen, euch neu zu entdecken. Denk doch mal darüber nach, was euch Spaß gemacht hat. Bring ihr Blumen mit, sei zärtlich, sag ihr Worte, die Sie schon lange nicht mehr gehört hat. Du weißt doch, wir Frauen ticken anders. Mach ihr Komplimente, übernachtet mal in einem Hotel, raus aus der Routine. Du siehst doch gut aus und deine Frau ist bestimmt auch eine hübsche, komm, lass den Mist hier auf dem Portal. Ich wünsche dir viel Glück, deine Ehe zu retten. Gruß, Heidemarie."

„Ach, liebe Heidemarie, ich danke dir für deine lieben Worte. Ich werde sie mir zu Herzen nehmen. Ich wünsche dir auch alles Gute. Gruß, Thomas."

Das war ja klar dachte Grabe, ich bekomme den Chat zu lesen den auch meine Frau hätte schreiben können. Ob sich meine Frau auch danach sehnt, Komplimente zu hören? Eigentlich könnte ich ihr ja auch mal wieder sagen, dass ihr Apfelkuchen der allerbeste ist. In der Hoffnung, dass der letzte Chat wieder ein bisschen spannender wäre, las Grabe weiter.

Nr.6 Carina Arnd , 51 Jahre alt, Beamtin

„Hallo Carina, nettes Profil von Dir! Du scheinst eine interessante Frau zu sein und hübsch bist du auch! Warum suchst du hier nach einem Partner?"

„Hallo Thomas, danke für die Komplimente, ich

arbeite im Schichtdienst, auch am Wochenende, und da ist es schwer einen Partner kennenzulernen. Ich lebe nun schon seit zwei Jahren alleine und das soll sich nun ändern."

„Hey, Deine Suche hat ein Ende. Ich bin da. Der Mann deiner Träume. Getrennt lebend, zwei Kinder, super nett, geistreich, körperlich fit, Keine Macken."

„Keine Macken? Solche Männer gibt es nicht. Wir haben doch alle unsere Macken. Ist auch gut so. Ich suche nicht die perfekte Beziehung, die gibt es nämlich nicht. Ich suche jemanden, mit dem ich mein Leben teilen kann. Der treu, loyal, pünktlich ist und schön wäre es, wenn er gut kochen kann. Ich kann das nämlich nicht."

„Ich sage doch, ich bin dein perfekter Mann. Ich bin Bäcker von Beruf und kochen kann ich auch! Treu? Na, klar, wo denkst du hin? Wir müssen uns unbedingt kennenlernen. Was hältst du davon?"

„Ja, ich halte auch nicht so viel davon mit dem ewigen hin und her schreiben. Sag mal, Thomas wohnst du hier in der Nähe?"

„Ja, klar, wird dir die Entfernung zu meinem Wohnort nicht angezeigt?"

„Nein, darum frage ich ja."

„Ich wohne in der Gartenstraße 3."

„Das ist ja nicht weit von mir entfernt. Wenn das zwischen was werden sollte, wäre das richtig toll.

Dann würde mein Schichtdienst auch keine Rolle spielen. Das wäre ja alles zu schön, um wahr zu sein."

„Hey, so euphorisch auf einmal? Was ist nun mit unserem Treffen?"

„Du, Thomas, ich muss noch zum Dienst. Ich melde mich wieder."

„Hallo Thomas hat sich erledigt mit unserem Treffen. Ich mag keine Männer, die lügen! Such dir für deine Spielchen eine andere Dumme, du bist ja durchgeknallt! Tschau!"

„Hey, Junke, komm mal rum zu meinem Schreibtisch. Sieh dir das mal an, da schreibt die Carina erst ganz lieb und nett und 24 Stunden später knallt sie dem Thomas Seifert so etwas an den Kopf. Verstehst du das? Was hat die denn dazu bewegt?"

Junke kam um den Schreibtisch rum und starrte auf den PC. „Häh, was soll das denn?"

„Der jungen Dame statten wir doch mal einen Besuch ab. Irgendwie hat die schneller begriffen als alle anderen, was für ein windiger Hund der Seifert war."

Carina Arnd öffnete auf das Klingeln der beiden Polizeibeamten nicht. So zogen die beiden Beamten wieder ab auf das 13. Revier.

„Hast du mal eine Auskunftsabfrage von der Arnd gemacht?"

„Nein", antwortete Junke, „warum sollte ich, es ist doch nur eine Befragung. Die steht doch nicht unter Verdacht. Die haben sich ja noch nicht einmal getroffen."

„Das nehmen wir an", erwiderte POK Grabe.

„Hat hier gerade jemand von unserer neuen Kollegin gesprochen?", fragte der Sachbearbeiter Schmitt.

„Nein, es geht um den Tötungsdelikt Thomas Seifert. Wir wollten nur jemanden vernehmen, der eventuell mit dem Toten in Kontakt stand, eine Carina Arnd."

„Na dann habe ich doch richtig gehört. Mann, ihr beiden Flachpfeifen bekommt aber auch nichts mit, oder? Das ist doch unsere neue Kollegin. Carina ist seit einem halben Jahr bei uns in der SOKO Drogen."

„Was?", kam es aus beiden Mündern.

„Schmitt, das bleibt hier unter uns. Zu niemandem ein Wort, verstanden?"

„Bleibt mal locker, was ist denn mit der?"

„Geh an deine Arbeit, Schmitti, und zu niemandem ein Wort."

„Ich fasse es nicht", stöhnte Junke. „Die junge Kollegin müssen wir uns nun erst recht vornehmen."

„Ich rufe mal in der SOKO an, ob Frau Arnd Dienst hat."

„SOKO Drogen, Arnd am Apparat, was kann ich für Sie tun?"

„Hallo, Frau Arnd, Grabe am Telefon von der Mordkommission, hätten Sie einen Moment Zeit für mich? Können Sie bitte zu uns in den dritten Stock kommen, zweite Tür auf der rechten Seite, Name steht dran, Grabe und Junke."

„Worum geht es denn? Was habe ich mit der Mordkommission zu tun?"

„Bitte, Frau Arnd, lassen Sie uns das in meinem Büro besprechen. Ich nehme nicht an, dass Sie Wert darauf legen, eine schriftliche Einladung von uns zu bekommen."

„Ja, ich komme, kleinen Moment." Frau Arnd legt auf und machte sich auf den Weg in den dritten Stock.

„Das ging ja schnell, danke für Ihr Kommen, Frau Arnd", säuselte Junke, die neue Kollegin passte genau in sein Beuteschema und wenn die auch einen Mann suchte? Warum nicht ihn, dachte er.

„Ja, Frau Kollegin, wie fange ich dann mal am besten an? Also es geht um ein Tötungsdelikt, Thomas Seifert. Kennen Sie Herrn Seifert?"

„Nicht persönlich, Herr Grabe, wir hatten uns im Chat kennengelernt, aber ich nehme an, das wissen Sie schon. Sonst hätten Sie mich ja nicht hier her bestellt. Oder?“

„Ja, Frau Kollegin, genau, Warum haben Sie denn, nachdem Sie die Adresse von Herrn Seifert wussten, so schnell den Kontakt zu ihm abgebrochen?“

Carina fing an zu schwitzen und fühlte sich merklich unwohl, eine leichte Röte überzog ihr Gesicht und ihre Hände fingen leicht zu zittern an. „Ich habe eine Auskunftsabfrage über Thomas Seifert eingeholt und habe festgestellt, dass es Anzeigen seinerseits gab gegen Kerstin Hall, die er im Netz kennengelernt hat, und dass er sich Kerstin Hall nicht näher als 500 Meter nähern durfte. Danach hatte ich kein Interesse mehr, ihn näher kennenzulernen.“

„Frau Arnd, Sie haben Amtsmissbrauch betrieben! Ist Ihnen das klar? Sie sind erst ein halbes Jahr in der SOKO Drogen. Was sollen mein Kollege und ich jetzt tun? Haben Sie sich wirklich nicht mit Herrn Thomas Seifert getroffen?“

„Nein, ich habe daraufhin meinen Account bei zweisam.de gelöscht. Sie können das gerne überprüfen!“

„Darauf können Sie sich verlassen, dass ich das prüfen werde. Dennoch werde ich Ihren Vorgesetzten informieren und Sie werden sicher eine Abmahnung erhalten. Wegen Datenmissbrauch.“

„Ja, das verstehe ich und mir tut mein Verhalten auch wirklich leid.“

„Ok, dann können Sie gehen und schönen Tag noch!“

„Mann, Grabe war das nötig mit dem schönen Tag?“

„Ja, war es!“

„So, nun sind wir durch mit allen Befragungen. Dann lass uns mal alle Fakten auf den Tisch legen! Also, an erster Stelle bleibt nach wie vor als Verdächtige Nr. 1 Kerstin Hall. Nr. 2 Silvia Grün, auch wenn sie uns erzählt hat, sie lässt sich nicht erpressen, ist es durchaus möglich, dass Sie Thomas Seifert aufgelauert hat, sie Streit bekommen haben und Silvia Grün Thomas erstochen hat. Nr. 3, die schwangere Lydia Kowalska, auch sie kann Seifert abgefangen haben und es kam zur Eskalation.“

„Wo zum Teufel ist überhaupt der Bericht von der KTU? Hat den einer überhaupt schon gesehen?“

„Mann, Junke, der liegt seit gestern auf deinem Schreibtisch! Sag nur, du hast da noch nicht einmal reingeschaut?“

„Nee, wann denn?“ Er stand wortlos auf, ging zu seinem Schreibtisch und fing an zu lesen. „Verdammt, aufgrund der Spuren, die auf dem Damast-Messer der Marke Kai TDM-1701Shun

Premier, Tim Mälzer, mit der Klingenlänge 18cm und Grifflänge 12 Zentimeter gefunden wurden, handelt es sich bei den gefundenen Fingerabdrücken mit 98-prozentiger Sicherheit um einen männlichen Täter, da der Ringfinger länger als der Zeigefinger ist, genetisch bedingt bei der Anlage der Embryos, verantwortlich sind die Hormone. Beim Ringfinger sind Pappillarrillen durch Verbrennung vor nicht allzu langer Zeit verletzt worden. Laut KTU war der Stich ins Herz sofort tödlich, der Abgleich der DNA-Spuren war erfolglos. Im Fahrzeug selbst waren keine Spuren vom Täter zu finden, außer an der Fahrertür und auf dem Dach, dort waren Fingerabdrücke vom Täter. Ich fasse es nicht Junke, das hätte uns nicht passieren dürfen!“

„Ich beantrage bei der Staatsanwaltschaft die sofortige Freilassung von Kerstin Hall aus der JVA.“

Kapitel 7
Endlich frei!

„Wir waren so auf die Dating-Kontakte fixiert … wir müssen wieder von vorne anfangen! Wer hätte einen Grund, Thomas Seifert zu töten?“

„Vielleicht im Affekt?“, warf Grabe ein. „Der Immobilienmakler Bernd Rose? Oder der ehemalige Chef, wie hieß der noch mal? Ach ja, Baule, wegen des Geldes?“

„Wir müssen von vorne anfangen, lass uns die Briefe, Akten, Dokumente von Thomas Seifert sichten, vielleicht bringt uns das auf die richtige Spur. Ok, dann fahren wir zu Heiner Lorenz.“

Heiner Lorenz öffnete die Tür nach mehrmaligem klingeln. „Ach, die Polizei schon wieder. as gibt's denn noch?“

„Guten Morgen, Herr Lorenz, dürfen mein Kollege und ich eintreten? Wir müssten noch mal dringend Unterlagen sichten, die Herrn Seifert gehörten. Kontoauszüge, Briefe etc.“

„Warum das denn? Naja, meinetwegen, kommen Sie rein. Die Kartons stehen nun alle im Flur. Beate holt sie heute alle ab. Wird auch Zeit, das ist ja kein Wohnen mehr sondern Hausen! Suchen müssen Sie aber selber!“

„Alles klar, Herr Lorenz“, antwortete POK Grabe. „Sagen Sie, hat Herr Seifert mit Ihnen über seine Dating-Kontakte gesprochen? Wissen Sie, dass eine Frau von Thomas Seifert schwanger sein soll und dass er eine andere Frau versucht hat, um 100.000 Euro zu erpressen?"

„Nein davon wusste ich nichts, interessiert mich aber auch nicht. Kann ja jeder machen, was er will."

Die Sichtung der Unterlagen stellte sich nach zwei Stunden als erfolglos dar. Auf den Kontoauszügen waren normale Bewegungen. Keine größere Einzahlungen oder Abhebungen. Im Kalender waren für den 13. März keine Termine eingetragen. Die Frage blieb offen, wo wollte Thomas Seifert so früh hinfahren? Er war ja arbeitslos. Die beiden Kommissare verabschiedeten sich und fuhren weiter zum Bäcker Baule. Herr Baule hatte immer noch eine Stinkwut wegen der Schlamperei mit dem Salz auf Thomas Seifert. In einem Nebensatz erwähnte Herr Baule aber, dass er telefonischen Kontakt zu Thomas Seifert hatte, nämlich zwei Tage vor seinem Tod. Grund des Anrufes war, Herr Baule fand keinen Bäcker, der die Arbeit von Thomas Seifert machen konnte, deshalb bot er ihm an, wieder bei ihm zu arbeiten und das Geld in Raten abzustottern. Das erklärte, wo Thomas Seifert so früh am Morgen hinfahren wollte. Er war auf dem Weg zur Arbeit. Schon tragisch, jetzt, wo es so aussah, als wenn sich alles zum Guten wendete, wurde er getötet.

Kerstin Hall durfte nach der Aufhebung der Untersuchungshaft das Gefängnis am 20. März 2021 verlassen. Ihre Erleichterung war ihr anzusehen. Sie stand draußen vor dem Gefängnisgebäude und atmete tief durch. Die Luft war immer noch sehr kalt an diesem Morgen, aber das Gefühl der Freiheit verlieh ihr Wärme. Sie hatte in der Untersuchungshaft viel Zeit zum Nachdenken gehabt und kam zu dem Ergebnis, dass sie sich mit dem Wissen von heute anders verhalten hätte. Für ihre Taten schämte sie sich zutiefst. Sie nahm sich vor, in den nächsten Tagen Beate Seifert aufzusuchen und sich bei ihr zu entschuldigen.

Sie wollte sich gerade ein Taxi rufen, da kam ein ihr unbekannter Mann auf sie zu. „Hallo, bist du nicht Nelke?“

„Nein, Sie müssen mich verwechseln!“ Kerstin erstarrte, ihr wurde heiß und kalt, Angstschweiß breitete sich auf der Haut aus. Hört das nie auf?, dachte sie. Sie schaute sich den Fremden noch einmal genauer an. Irgendwie kam er ihr doch bekannt vor, als hätte Sie ihn schon mal gesehen?

„Doch wir hatten uns doch über zweisam.de geschrieben, erinnerst Du dich nicht? Mein Name war Hell Angel. Du hast mir dann doch nach einigen Mails netterweise geschrieben, dass du dich lieber mit jemand anderem treffen wolltest mit einem gewissen Thomas."

Der ihr Unbekannte reichte ihr zur Begrüßung die Hand, intuitiv streckte Kerstin ihm ihre Hand entgegen. „Oh, was haben Sie denn mit Ihrem Ringfinger gemacht?"

„Ach das ist nichts, die Verletzung habe ich mir am Gasherd zugezogen, Du weißt doch sicher noch, dass ich im Waldgasthof Wilder Hirsch arbeite. Ich fand es sehr schade, dass du dich mit mir damals nicht treffen wolltest. Ich mochte dich und deine Profilbeschreibung sehr gerne. Irgendwie hatte ich aber immer das Gefühl, dass ich dir dennoch sehr, sehr nahe war und dich immer beschützt habe. Aber nun steht ja einem näheren Kennenlernen nichts mehr im Wege."

Kerstin lief es eiskalt den Rücken runter!

Am 20. März beschloss Silvia Grün in einer anderen Stadt neu anzufangen. Sie ertrug das Gerede der Leute nicht mehr.

Lydia Kowalska beschloss, das Baby zu behalten und es mit ihrer Schwester großzuziehen.

Carina Arnd konnte den Anblick Ihrer Kollegen Grabe und Junke nicht ertragen und ließ sich in eine andere Stadt versetzen.

Beate Seifert fühlte sich zum ersten Mal in Ihrem Leben frei!

Heiner Lorenz genoss es, seine Wohnung für sich zu haben.

Der Immobilienmakler wurde krankenhausreif geschlagen. Die Täter waren unbekannt.

POK Grabe und POK Junke gelang es nie, den Fall zu lösen.

ÜBER DIE AUTORIN

Meine Name ist Pia Herzog, ich bin 61 Jahre alt und in Altersteilzeit. Ich wohne seit meinem 17. Lebensjahr im Landkreis Schaumburg.

Diese Geschichte ist eine freie Erfindung von mir, Namensgleichheit mit lebenden Personen ist von mir nicht beabsichtigt und wäre absolut zufällig. Ich erkläre, dass ich keine Verletzungen der Rechte von Dritten beabsichtige.